物流危機は終わらない

―暮らしを支える労働のゆくえ

首藤若菜
Wakana Shuto

1753

はじめに

便利な現代社会

平日の夜八時過ぎ。家路を急ぐ私たちの脇を、宅配便ドライバーが荷物を乗せた台車をガラガラと押しながら、小走りで通り抜けていく。道の傍らには、宅配便のトラックが停まっている。いつもの見慣れた光景だ。

自宅のポストをのぞくと、新聞の夕刊と一緒に「不在連絡票」が入っていた。「あ、しまった。昨夜ネットで買った本が、届く予定だった」。今日は早く帰るつもりだったのに、夕方に突然クライアントから至急の仕事が入り、帰りが遅くなった。「申し訳ない」と思いながら、スマホを手に再配達を依頼し、遅い夕食を取る。

布団に入る前、仕事の疲れをビールでごまかしつつ、通販サイトを眺める。「そういえば、そろそろ洗剤がなくなりそうだから、注文しておこう」「確かあのＤＶＤがもう出ているはずだな」と、次々に欲しいものが頭をかけめぐる。

わざわざ店舗に足を運ばなくても、いつでも買い物ができるネット通販は、多忙な私たちの生活に呼応するように、広く社会に浸透してきた。書籍、生鮮食品、衣服や生活用品、家具・家電など、もはやネット上で購入できない商品はないと言われる。

そして届いた商品が、壊れていたり、腐っていたりしたという話は、ほとんど聞かない。「送料無料」で送ってくれる通販会社も多い。「送料無料」という響きは、梱包に使った段ボール代金も、配送してくれたドライバーの人件費も、トラックの燃料も、すべてなかったことのように感じさせてくれる。ネットで注文した商品を、玄関口で手渡されることは、今や私たちの日常である。

トラック業界における労働問題

だが、こうした利便性の裏で物流業界が厳しい状況に追い込まれていた事実に、私たちは直面する。

そのきっかけとなったのは、ヤマト運輸で発覚した一連の出来事にあった。二〇一六年一一月に「サービス残業」問題を報じられた同社は、未払い残業代の支払いや荷物の総量抑制を決定し、さらには宅急便料金の値上げに踏み切った。宅配便料金の値上げは、その後、佐川急便や日本郵便といった他の業者に広がっていった。それにとどまらず、運賃値上げの波は、西濃運輸や福山通運など企業間物流を主とする企業にも及び、あたかも業界全体を覆うような勢いをみせた。

これらの企業はみな口をそろえて、値上げ分を原資に労働環境を改善させる方針を発表した。各社は、「ドライバーの負担を減らしたい」「賃金を上げて、十分な人手を確保する」「過重労働、低賃金という形で社員に犠牲を強いるビジネスモデルはもはや限界」などと述べた。逆から言えば、この業界は、労働問題に起因して、値上げや荷物の総量抑制をせざるをえなかった。

運賃値上げの波を引き起こすほどの労働問題とは、何なのだろうか。確かに、以前からトラック業界が深刻な人手不足にあることは、たびたび報じられていた。一部の運送会社では、荷物もトラックもあるのに、それを運ぶドライバーがいないために、荷物が運べない状況にあると言われてきた。繁忙期とされるお盆や年末年始、年度末には、物流が滞る危険性が繰り返し叫ばれ、実際に一部で混乱も生じた。人手不足による物流の停滞は、いつしか「物流危機」と呼ばれるようになっていた。

私たちも、消費者の立場から、それを肌で感じてきた。いつも時間に正確な宅配業者でも遅配が起きた。スーパーやコンビニの裏口を通りかかった際に、商品を納品しているドライバーを見かけ、その高齢化に気づいたことがあるかもしれない。

近年、労働市場が売り手市場にあるとはいえ、経済活動に支障が出るほどまでに、トラック業界で人手が不足した理由は、どこにあるのだろうか。運賃の安さや「サービス残業」問題は、それとどう関わっているのだろうか。「物流危機」は、私たちの生活や暮らしにどのような影響を与え、そしてその対策はいかに打たれてきたのだろうか。

新技術への期待と現実

他方、人手不足の解決策の希望として語られるのが、新技術の導入だ。

私たちはいつか、ドローン(無人航空機)が運んできた荷物を空から受け取るようになるかもしれない。例えば、米国のアマゾン・ドット・コムは、ドローンを使い、注文後三〇分以内に配送するサービス(アマゾン・プライム・エア)の実証実験を行っていると報じられている。ヤマト運輸も、米国企業と共同で新たな航空輸送を開発し、実用化を目指すと発表した。

また、自動運転が普及すれば、無人車両が自宅の前まで荷物を運んでくれるかもしれない。例えば、ヤマト運輸は、宅配ボックスを積んだ自動運転カー(ロボネコヤマト)の実験を行っている。人手不足は、物流センターなどの倉庫業務でも深刻であるが、荷物の搬送、ピッキング、出荷を担うロボットはすでに開発され、倉庫で稼働している。

これらの新技術により、将来、物流現場は劇的に変化するとみられている。効率性が一気に向上し、必要とされる人手は大幅に減る。つまり「物流危機」は、技術革新によって解消される可能性がある。そうなれば私たちは、今以上に早く、安く、そして自分の都合に合わせて荷物を受け取ることができる。そうした期待が向けられている。

しかし、それが実現するのは、いつだろうか。

政府は、物流分野でのドローン活用に向けた環境整備を進めている。まずは民家がまばらな山間地や離島にドローンを飛ばし、荷物を配送できるかが議論され、実証実験が行われている。そのうち都市部での目視外飛行も解禁されるかもしれない。

だが、宅配便だけでも、取扱個数は年間四二億個を超える。仮にその一〇分の一をドローンが運ぶとしても、果たして上空には、いくつのドローンが飛び交うことになるのだろうか。東京のような住宅密集地域で、多くの人々がドローンから荷物を受け取る可能性は、まだみえていない。

自動運転についても、国土交通省は二〇一六年に「自動運転戦略本部」を設置した。すでに安全基準の策定や賠償責任制度の議論が始まっている。当面は、高速道路において、大型トラックの隊列走行の実用化を目指している。つまり、一台の有人トラックの後ろに数台の無人トラックを走行させる方式だ。テストコースでの実証実験の後、公道で実験し、実用化される見通しであるが、技術基準の確定や道路交通法の見直しなど、課題も多い。現段階では、無人車両が、狭く入り組んだ住宅街の道を通り抜け、私たちの家の前まで荷物を届けてくれる日がいつになるのかは、分からない。

いずれ私たちの社会は、人を介さずに荷物を受け取る日を迎えるかもしれない。だが、人が足りずに荷物が運べない事態は、今、起きている。ドライバーが集まらず、減車する事業者は、すでに生じている。「物流危機」は、現下の課題である。

労働の視点から「物流危機」を考える

本書の目的は、労働の観点から、「物流危機」をもたらした原因を明らかにすることである。トラック業界は極めて労働集約的な産業であり、今日、約二〇〇万人が働く。そして近年、ドライバーの労働のあり方をめぐって、この業界は揺さぶられている。その問題は、物流システムを見直し、技術革新を進めることで解決できる部分もある。しかしそれには一定の時間を要するし、それによってすべてが解決できるわけでもない。日本の物流を維持するうえで、トラック業界の労働問題の検討は避けて通れない。

筆者は、物流の専門家ではなく、労使関係の研究者である。ゆえに持続可能な物流システムや物流部門の収益性を高める方法を論じることはできない。本書は、あくまでも物流の現場で起きていることを労働問題として捉え直し、労使関係の観点からその解決策を考える。

労使関係論とは、働くことに関するルールに着目し、その形成過程を考察する学問分野である。ルールには、企業や職場に存在する労使協定や、国が定める労働法など様々ある。それは、明文化されたものばかりでない。各々の職場に根付いている慣行も、皆がそれに従って行動しているという意味では、ルールの一種である。本書は、物流の現場で働く人々の日常を描き、そうした働き方が、いかなるルールによって支えられているのか、もしくはいかなるルールの不在ゆえに引き起こされているのかをみていく。

本書では、物流企業や運送会社、業界団体、労働組合、荷主業者、国交省、厚生労働省などへのインタビュー調査と、そこで収集した資料に基づき、ドライバーの働く姿を描写する。ヤマト運輸で起きた「サービス残業」問題を皮切りに、トラック業界における労働問題を、労働市場、法制度、賃金体系、商慣行など多様な視点から考察する。なぜなら、「サービス残業」や長時間労働といった問題は、それが起きた職場の使用者や管理監督者、そして企業に責任が求められることは言うまでもないが、同時にそうした労働が生み出される構造にメスを入れなければ、解決には至らないと考えるためである。

今日のトラック業界の労働のあり方を規定するものは一体何なのか。物流現場の労働実態を社会構造から解き明かしていく。

目　次

第1章　宅配が止まる？

——ヤマト・ショックから考える

1　ヤマト運輸の「サービス残業」問題

宅配クライシス――長時間労働と荷物量の抑制

それは最初、ごく小さな記事だった。二〇一六年一一月一七日、大手新聞各紙の社会面の下部に「ヤマト運輸、残業代未払い」というベタ記事が掲載された。そこから三カ月ほど遡る同年八月に、ヤマト運輸の神奈川平川町支店は、労働基準監督署（以下「労基署」と略す）から是正勧告を受けていた。横浜北労基署は、同支店で働いていたドライバー二名の申告に基づき、この支店に所属する神奈川主管の複数のドライバーのタイムカードを集めて分析し、未払い残業を認定した。その事実を当該ドライバーと弁護士らが記者会見で公表したことにより、この日の記事掲載となった。

同年九月末には電通で起きた若手女性社員の自殺が労災認定され、国会では長時間労働を規制する議論が始まっていた。メディアは、連日のように「電通過労自殺問題」を取り上げた。一〇月半ばには東京労働局が、電通の本社と数カ所の支社に立ち入り調査を月には、幹部ら一〇人が労働基準法に違反した容疑で書類送検された。これらの事態を受けて、その年の暮れ一二月二八日に、社長が辞任を表明した。国内最大手の広告会社で、過重労働を引き金に経営トップが辞任に追い込まれたことは、長時間労働に対する社会的関心を一段と高めた。

そして、年が明けた二〇一七年二月下旬のことだった。「ヤマト、宅配総量抑制へ」「サービス維持限界」といった言葉が、新聞各紙の一面に大きく躍った。ヤマト運輸の労働組合が、労働環境を是正するために、荷物の取扱量の抑制を会社に要請し、春闘で協議されていることが大々的に報じられたのである。ネット通販の便利さを享受していた私たち消費者は、薄々感じていた物流現場の逼迫《ひっぱく》した状況を目前に突き付けられた。

三月に入ると、ヤマト運輸は未払い残業が全社的に行われていたことを認め、全国すべての職場で実態調査を実施し、未払い分の残業代を支払うことを決定した。メディアは、全社的に未払い残業代を清算することは極めて異例だと伝えるとともに、こぞってその金額を推計し、巨額の臨時支出が経営に及ぼす影響を論じた。さらに四月、同社は宅急便の価格を値上げする方針を明らかにした。

「サービス残業」問題、荷物の総量抑制、宅急便値上げという一連のニュースは、「宅配クライシス」「宅配便パンク寸前」といったセンセーショナルな用語とともに、世間を一気に駆け巡った。

「便利さ」が失われる?

二〇一六年三月一六日一九時半、ヤマト運輸本社で行われていたその年の春闘が終わった。二月一〇日の開始からおよそ一カ月後のことだった。翌日の朝刊には、ヤマト運輸の労使合意の内容が大きく報じられた。それは、労働時間管理の徹底と、荷物総量を抑制することを含むサービス内容の見直しだった。

会社は、各レベルの管理者が適正に労働時間を管理するために、管理者向け教育を充実させ、労働時間管理の体制変更を労働組合に約束した。例えば、ドライバーの勤務開始と終了は、腰につけている携帯端末(ポータブル・ポス(PP))のオン・オフから、各営業所の入退館時刻へと変更された。また、休憩時間を取得させるための具体策を講じること、業務終了時刻から次の始業時刻までの休息期間(休息時間と同じ。トラック業界では一般的に休息期間と呼ばれるため、本書では「休息期間」と記す)を確保するインターバル制度として、一〇時間以上の休息期間を確保することも決めた。

表 1-1　ヤマト運輸の労働時間問題に関わる主な出来事

2013 年 4 月	佐川急便がアマゾン・ジャパンの配送から撤退.
2016 年 8 月	労基署が，神奈川平川町支店の違法な時間外労働について是正勧告.
2016 年 11 月	神奈川平川町支店の違法残業問題が報道される.
2017 年 2 月	全社的な労働実態調査を開始することを発表. 2017 年春闘の開始.
2017 年 3 月	未払い残業代の清算を決定. 2017 年春闘が終了. 労使合意が公表される.
2017 年 4 月	「働き方改革」の基本骨子,「デリバリー事業の構造改革」を決定. 宅急便の基本運賃を 27 年ぶりに値上げすることを正式発表.
2017 年 5 月	1 万人規模を中途採用する計画を発表.
2017 年 6 月	宅急便の時間指定(12-14)(20-21)の廃止と(19-21)の新設.
2017 年 9 月	福岡労働局が，同社と博多北支店の労務管理者を労基法違反の疑いで書類送検.
2017 年 10 月	宅急便の基本運賃値上げ.

出所：各種新聞報道およびヤマト・ホールディングス HP をもとに著者作成.

こうした労働環境を前提にしたうえで、いかなる商品・サービスの提供が可能なのかが検討された。労使が出した結論は、「総量管理」と「サービス内容の見直し」だった。すなわち法人顧客との契約内容の改変、宅急便「時間帯お届けサービス」の指定区分の一部廃止と新設、「再配達受付時刻」の見直しなどを取り決めたのである。

この決定は、宅配便という身近な商品の「便利さ」が失われてしまうのではないかという不安を生んだ。そして、右肩上がりで成長を続けてきた企業が、労働問題に足を掬《すく》われ、事業を抑制せざるをえない事態に社会は衝撃を受けた。

「主犯」は誰なのか?

すでに数年前から、宅配便の再配達増加による配送業者の過重労働問題はたびたびメディアで取り上げられていた。加えて、ここ一、二年は、トラックドライバーの人手不足も話題になっていた。

メディアはこぞって、ヤマト・ショックをもたらした「犯人」探しを始めた。「主犯」とされたのは主に、荷主、消費者、ヤマト運輸自身の三者であった。

最初に攻撃の的となったのが、アマゾン・ジャパンをはじめとする大口荷主だった。大手の通販会社が大量の運送を依頼する代わりに運賃の割引を求めたため、荷物をいくら運んでも運送各社の儲けは少なかったと報じられた。実際の運賃額は明らかになっていない。しかし、佐川急便が二〇一三年にアマゾン・ジャパンの運送を取り止めた事実が、こうした報道に信憑性を与えた。

また、宅配便を利用する私たちの行動も問題視された。指定された時間に配達しても不在である家庭が少なくないこと、到着日時として指定された二時間さえ待つことを嫌がり「今すぐに持ってきてくれ」と要求することなどが、ドライバーの仕事を増やしてきたからだ。私たちは「より早く」「もっと融通をきかせて」とさらなる利便性を追求するばかりで、荷物を運ぶドライバーにも、私たちと同じく生活があることをいつの間にか忘れていた。

そして、ヤマト運輸の経営戦略にも厳しい視線が向けられた。旧来のビジネスモデルが限界に達したという指摘とともに、杜撰《ずさん》な労務管理が批判の的となった。職場に十分な人員を補充しないままに、取扱個数の拡大を推し進めてきたことや、そもそも長時間労働と「サービス残業」を黙認する労務管理が横行していたこと、そうした事態を同社の労働組合も阻止できなかったことが非難を受けた。

これらは、それぞれ一面の真実を含んでいる。だがより重要なのは、これらの事実が相互につながり合うことで、ヤマト・ショックという物流危機が生み出されたことだ。本書は、その構造を明らかにすることを目的としている。

本章では、業界を代表する企業であるヤマト運輸で、なぜこのような事態が生じたのかを振り返ってみよう。利便性を追求する利用者と、ドライバー（同社ではセールスドライバーと呼ばれる）をはじめとした働く者たちの関係に着目しつつ、実態を明らかにしていく。

2　「即日配達」と「送料無料」——ネット通販以後

徐々に進行していた問題——労使は何を話し合ってきたのか

ヤマト運輸は、労使間で三六《サブロク》協定（労基法三六条に基づき、法定労働時間を超える時間外労働について労使間で締結する協定）を結んでいる。加えて、さらに短い年間労働時間の上限の労使協定を定めており、「年間計画労働時間」と呼ばれている。この年間計画労働時間が各職場でワーク・ルールとして認識されている。二〇一七年度は二四四八時間だった。

ちなみに年二四四八時間という水準は、男性（一五～六四歳）の年間就業時間（二二三一・四時間）よりも約二〇〇時間長い（総務省『労働力調査』二〇一七年）。長時間労働が問題になっている「教員」の平均就業時間（二四五九・四時間）とほぼ同じであり、決して短くはない。ただし、トラックドライバーの平均就業時間は年二六八四・一時間であるため、それと比較すれば約二四〇時間短いことになる。ヤマト運輸の労組によると、宅配の仕事は一般のトラックドライバーと異なり、運転以外の仕事が多く、労働密度が濃い。そのため、ドライバーの平均よりも短い労働時間が可能になったという。

ヤマト運輸では、労働時間管理に最終的な責任をもつ本社の人事担当者のみならず、労組の中央本部も、全国の各営業所で働くドライバー一人ひとりの始業時間と終業時間を把握している。その記録によれば、年間計画労働時間が守られていない職場が二〇一四年頃から生じ始め、二〇一五年度も増加していった。

年度末にあたる二〇一六年三月には、危機感を強めた労使トップが、対応策の協議を始めている。それ以前も、労働時間の短縮について繰り返し議論してきたが、会社は「社員数を増やすことで、荷物量の増加に対応したい」と述べるにとどまっていた。そこで労組は、二〇一六年春に増員の具体策にまで踏み込み、ともに知恵を出し合うことにした。

二〇一六年度上期には、人員の大幅増強策が打たれた。年度初めから、中途社員の大規模な募集が始まり、新卒採用の枠が第二新卒（学校を卒業後就業していない者および数年のうちに転職を志す者）にまで広げられた。とくに人手が足りていない地域では、募集時の給料を引き上げることも決まった。さらに求職者の目にとまりやすくするため、募集・採用のウェブサイトが一新され、従業員が知人を紹介する社員紹介制度も導入された。

これらの方策の結果、それなりに人員を増やすことができた職場もあった。けれども、人を採れない事業所や他業種に転職していく社員も多く、人手が足りない状況は続いた。

二〇一六年一〇月に施行された社会保険制度の改正も、現場に重く圧《お》しかかった。厚生年金と健康保険の加入対象が拡大され、週二〇時間以上勤務すれば、社会保険に加入することが義務づけられた。経営幹部によれば、この制度変更により、保険料増加を避けるために被扶養者の範囲にとどまろうと、就労時間を短縮させるパート労働者が増加したという(『日経ビジネス』二〇一七年五月二九日号)。

各現場では、社員の採用とともに、仕事の見直しを進めるなど、少しでも業務量を減らすための努力が続けられた。しかし、こうした努力では解消できないほどの荷物量が、現場に押し寄せていった。

労組には、現場の組合員たちからの相談や苦情が、多数寄せられるようになった。一部の組合員は、会社への不信感をはっきりと語るようになり、長年勤めたドライバーが離職していくこともあった。二〇一六年の夏が過ぎる頃には、労使ともに「このままでは現場が崩壊してしまう」という危惧を強めていた。

ヤマト運輸では、春と秋の二回、労使交渉の場を設けている。秋闘で翌年の労働時間を協定し、春闘でそれを守るための具体策を練るのが慣例である。二〇一六年の秋闘の場で、労組は「もうこれ以上、無理だ」と声を上げた。採用募集を拡大し、人を増やす努力を続け、業務改善も進め、現場のドライバーたちはフル稼働している。もはやこれ以上、手の打ちようがないのではないか。こうした認識に、労使間の対立はなかった。

二〇一六年の年末には、荷物の総量抑制について、労使間で話し合いが始まった。労組は、「本来であれば、取り扱う荷物が増え、売上が伸びることは、歓迎すべきことであって、そうした会社の成長を賃金や労働条件に結び付けるのが、我々の役割だ。しかし、秋闘で取り決めた労働時間を各現場に守らせるためには、あえて荷物の引き受けをセーブしてほしいという異例の要求をせざるをえなかった」と話す。

利用者である私たちも、現場の変化を感じてきた。一時的に遅配が起きた。顔見知りではないドライバーが届けに来ることが増えた。ドライバーは一様に、受け取りの判が押されるとすぐに、お礼の言葉を口にしながら踵《きびす》を返し、小走りに玄関を出ていくようになった。その表情には、余裕が失われていた。

ネット通販と増え続けた荷物

ヤマト運輸をそうした状況へと追い込んだ荷物量の増加は、いかほどだったのだろうか。

まずヤマト運輸のみならず、佐川急便の飛脚宅配便や日本郵便のゆうパックなども含めた宅

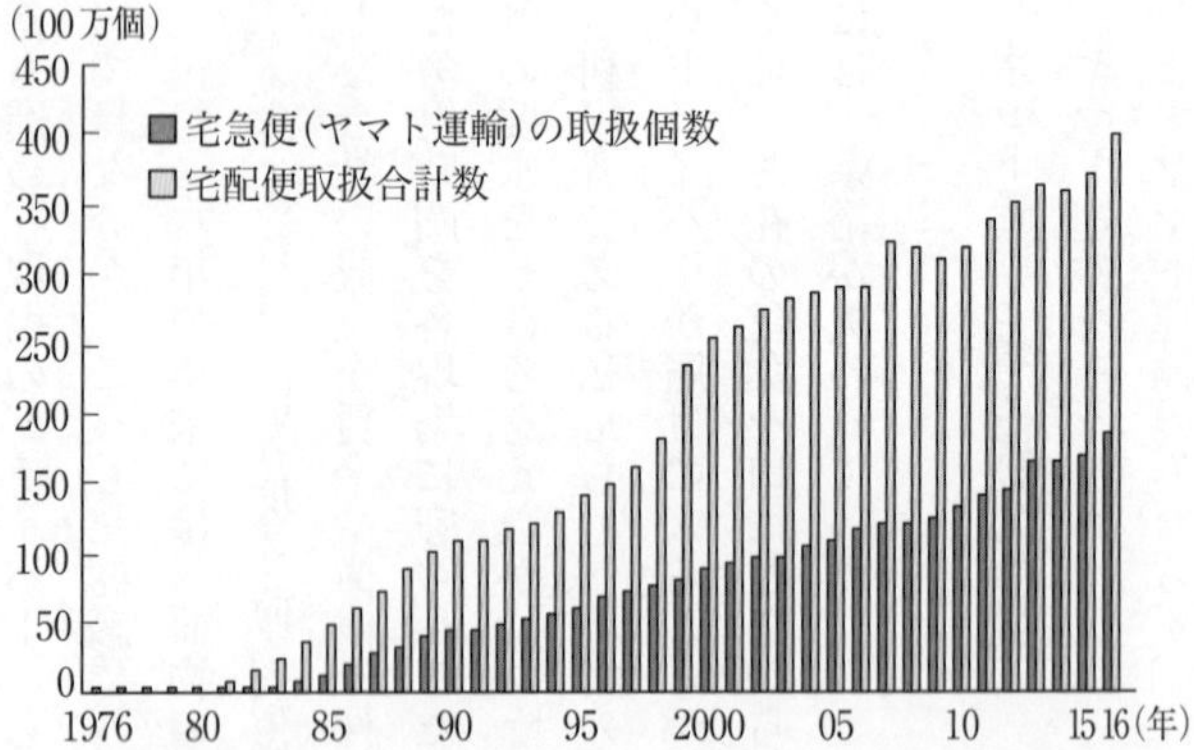

注：宅配便取扱個数は，1992年まではトラック運送のみ．ゆうパックの実績は，2007年から調査対象となっている．

出所：宅配便の取扱個数は，国交省発表資料による．宅急便の取扱個数は，2007年以降は国交省発表資料に基づき，それ以前は『数字でみる物流』(日本物流団体連合会，各年版)による．

図1-1　宅配便および宅急便の取扱個数の推移

配便市場の推移をみると、リーマン・ショックなどを除けば、宅配便取扱個数は増加の一途をたどってきた(図1－1)。

一九七六年にヤマト運輸が始めた宅急便は、当初、個人宅から集荷した荷物を個人宅へ届けるサービスとして生まれた。だが個人宅に届く荷物のなかには企業扱いのものも多く(例えば百貨店や通販の配送)、宅配業者は次第にそうした法人荷主を獲得し、市場を開拓していった。八〇年代に入ると、企業でジャスト・イン・タイムなどと呼ばれる在庫削減の取り組みが盛んになり、貨物の小口化、多頻度配送が増えてきた。そのため企業間物流でも、宅配便が利用されるようになっていき、宅配便の市場は一層拡大していった。

九〇年代後半、ネット通販が登場する。一九九七年に楽天が設立され、一九九九年にはヤフー・ショッピング、ヤフー・オークションが始まり、二〇〇〇年にアマゾンが日本でサイトを立ち上げた。そしてそれらは急速に販売実績を伸ばしていく。経済産業省によれば、二〇一六年の「消費者向け電子商取引」の市場規模は一五・一兆円と、同年の百貨店（約六・五兆円）やスーパー（約一三兆円）の売上高を超えるまでに成長した。ネット通販の事業者は、配送を外部に委託している場合が多く、そのうちとくに小物配送は宅配便が利用されてきた。

クリック一つで商品を届けてもらえるネット通販は、いつしか、私たちの暮らしの隅々にまで深く浸透した。仕事帰りに、疲労感を抱えながら、歩き回って商品を探す必要がなくなった。米や飲料水といった重い商品を自らの手で持ち帰ることは少なくなった。私たちは、当初、書籍や実店舗では入手しにくい商品のみを購入していたものの、いつの間にか、洋服や日用品までをネット通販で購入するようになっていた。

ヤマト運輸は、宅配便市場の拡大とともに成長し、とくにネット通販の膨張により、市場シェアを大きく伸ばした。二〇〇六年から一六年の一〇年間で、同社の取扱個数は一・五四倍、約六億七〇〇〇万個増えた。二〇〇〇年代前半は、宅配便における同社のシェアは三三〜三四％

だったが、二〇〇〇年代後半に上昇し、二〇一〇年には四〇・六％、二〇一六年に四六・九％になった。つまり、今日、日本を流れる宅配便の約半数を同社が握っており、いわば「ヤマト一人勝ち」の状況にある。

ドライバーたちの労働時間が長くなり始めた時期の荷物量をみてみよう。同社の取扱個数は、二〇一二年度の一四億八七五三万個から二〇一三年の一六億六五八七万個へ一二％増え、二〇一四年もほぼ同水準となっている。市場シェアも、二〇一二年から一三年にかけて四ポイントも上昇している。ちょうどアマゾン・ジャパンとの契約を大きく拡大したのが二〇一三年であるため、そのことが荷物量の増大をもたらした一因だろう。ただしヤマト運輸に運送を依頼している大手通販会社は、他にも楽天やＺＯＺＯなど多数ある。それらを含め通販市場全体の成長が、労働現場を逼迫させていった。

大口契約のたびに

ただし大口の通販荷主との契約は、現場の声を無視して、会社が一方的に強行してきたわけではない。ヤマト運輸では、アマゾン・ジャパンのみならず、大手の通販会社と契約を結ぶ前には、労使で協議が行われてきた。これらの契約締結によって荷物量の大幅な増大が見込まれ

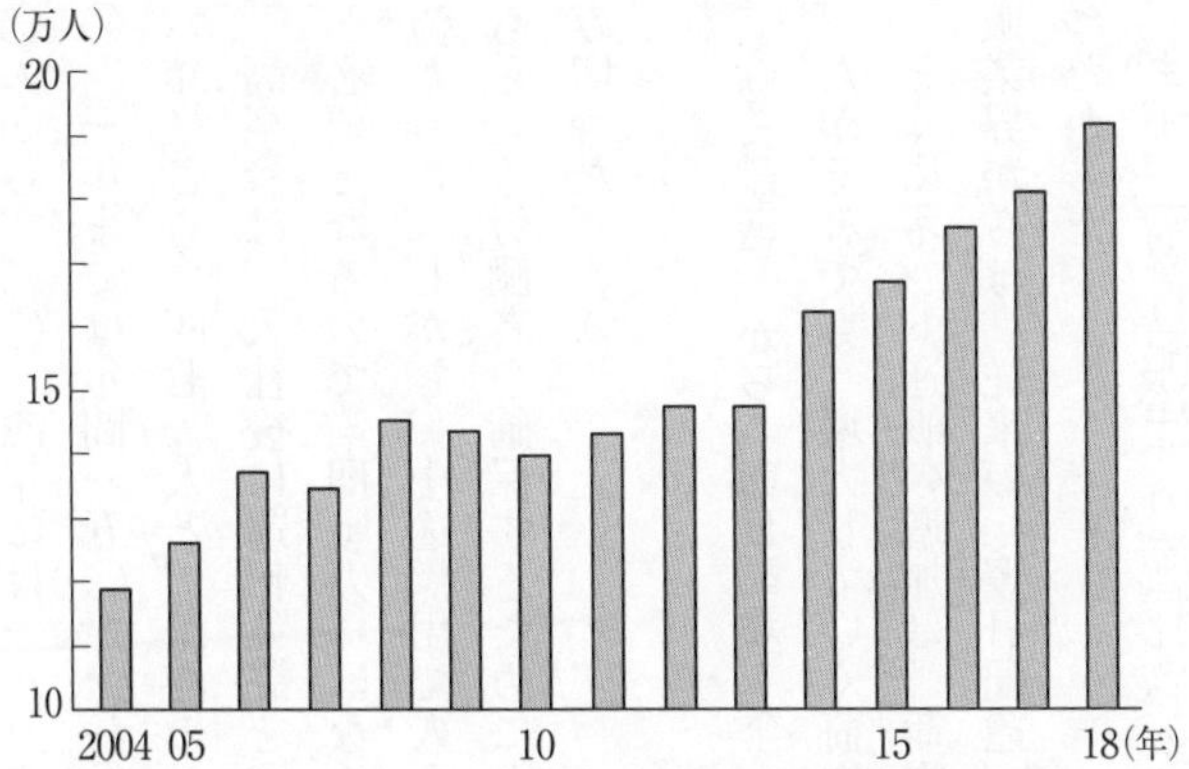

出所：ヤマト・ホールディングス株式会社有価証券報告書.

図 1-2　デリバリー事業の従業員数の推移

るからだ。労組は、大口契約が増えていくことで「このままでは現場が回らなくなる」との懸念を示してきた。

「通販の仕事は、今後、飛躍的に伸びる可能性がある。一度引き受けると、何個以上は運べませんという対応はとれない。労働力が不足するなかで体制が整わなければ現場はやりきれなくなる。十分な体制の確保と、上限としてどこまで受けるか、取扱量を制御する方法を検討する必要がある」と労組は会社側に要請してきた。つまり大口顧客との契約段階から、総量抑制の話はたびたび交わされていた。

そして会社は、荷物量の増加に対応するために人員の増強に取り組んだ。図1-2で示したヤマト・ホールディングスの有価証券報告書によれば、デリバリー事業の従業員は、二〇一三年の一四万七三五〇人から、二〇一四年には一六万二三八三人まで増員されている。高卒の新卒採用者数も、二〇一三年までは年間一五〇～一八〇人程度だったが、二〇一四年には三四七人に増え、二〇一六年はさらに四七一人と、以前の三倍程度の水準を記録している。

高卒者は、入社後に運転免許を取得してもらうが、大型免許の取得には三年以上の運転経験が必要となるので、即戦力にはならない。そのため、トラック業界では中途採用がこれまで主流だった。しかし、中途採用で人を採用しにくい状況が続くなか、ヤマト運輸では長く働いてもらえる労働者を確保するためにも、社内で育成していく方針を立て、高卒者の採用拡大に踏み切った。

「翌日配達」から「即日配達」へ

だがそれでも、増大していく荷物をさばききれなかった。

とくにネット通販の増加は、荷物を増やしただけでなく、労働時間帯を後ろに伸ばした。通販業界からは、従来の「翌日配達」ではなく、「当日配達」「即日配達」が求められるようになったからだ。

まず、「翌日配達」の流れは、次のようなものである(図1-3)。ドライバーは、担当地域の

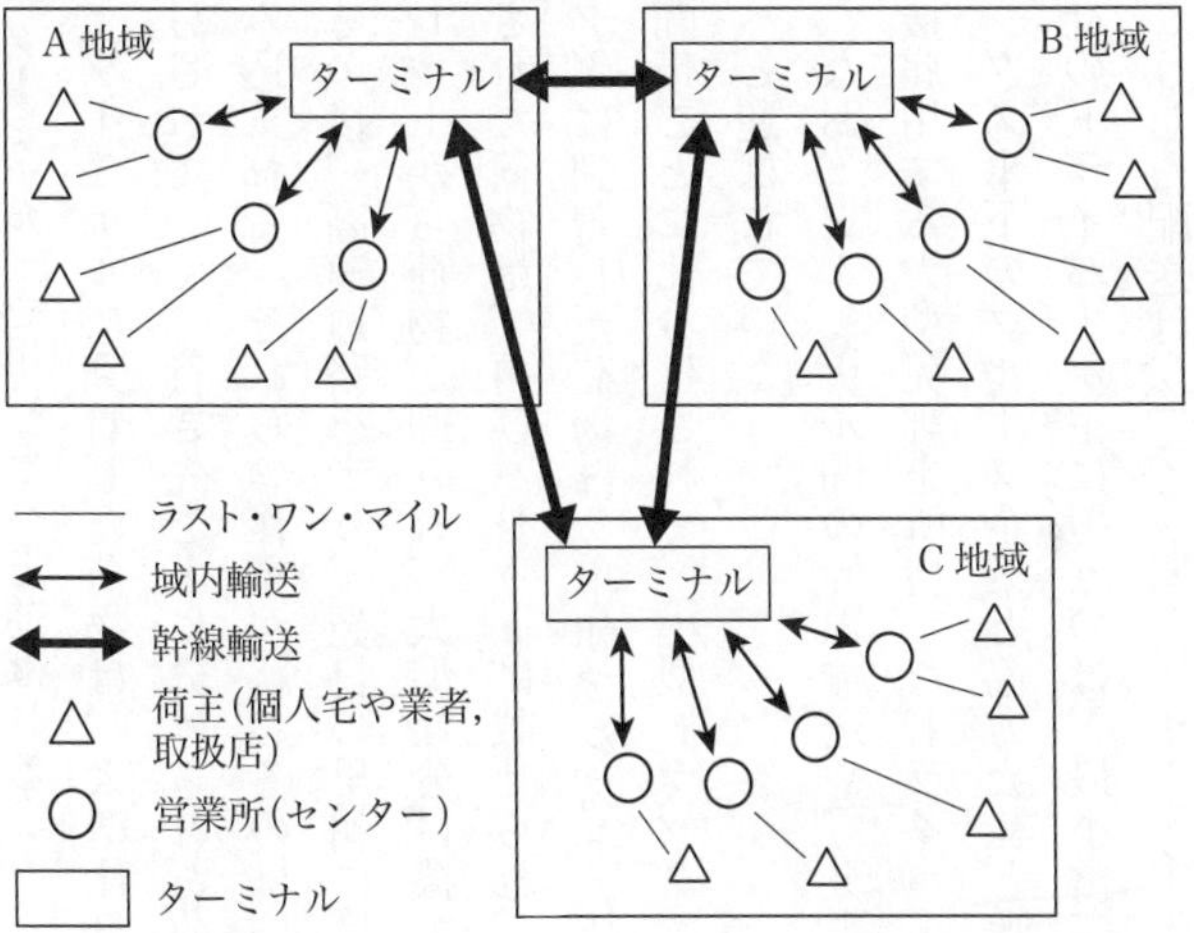

出所：著者作成.

図1-3　宅配便の輸送ネットワークの概念図

業者や家庭、取扱店(コンビニなど)を集配車で回り、荷物を集めていく。平均的な集配車一台には、約八〇～一〇〇個の荷物が積み込まれる。集荷の際、ドライバーは携帯端末で送り状の情報を読み取り、荷物に六桁の番号とバーコードが書かれたシールを貼り付ける。日中集められた荷物は、センター(営業所の最小単位で全国に約六〇〇〇カ所ある)でパレット(荷物をまとめて運んだり、保管したりするための台。ヤマト運輸では主にキャスターのついた「ロールボックスパレット」が使用されている)に積まれる。それらの荷物が、夕方までに中大型トラックで、ターミナル(ヤマト運輸では「ベース」と呼ばれるが、本書では一般的に普及している用語

「ターミナル」を用いる）へと運ばれる。

ターミナルに到着した荷物は、大型仕分け機により、先ほどのバーコードに従って自動仕分けされていく。行き先ごとに分けられた荷物は、再びパレットに収められ、大型トラックに積み込まれる。それらの作業が終わるのは、だいたい深夜になる。大型トラックのドライバーは、その後、高速道路を走り、翌日の早朝には、目的地のターミナルに到着する。そこで、再びパレットから荷物が卸され、大型仕分け機で地域内のセンターごとに仕分けされていく。仕分けされた荷物は、再びパレットに載せられ、中大型トラックで各センターへと届けられる。センターに到着した荷物は、早朝アシスト（仕分け担当者）の手によって、さらに担当地域や配達時間帯ごとに仕分けされて、小型トラックに載せられ、セールスドライバーにより個人宅や企業へと運ばれていく。

なお、ターミナル間の幹線輸送や、ターミナルとセンター間の域内輸送は、ヤマト運輸が直接雇用する大型免許を所持したドライバーが担う場合もあるが、大部分はヤマト・ホールディングス傘下のグループ企業と協力会社と呼ばれる他の運送事業者に委託されている。つまり同社のドライバーが主に担うのは、最小営業所であるセンターから個人宅や企業への集配である。こうした配送は、「ラスト・ワン・マイル」もしくは「ラスト・マイル」（商品が顧客に到着する最後の行程を意味する）と呼ばれる。

以上の通り、これまでターミナル間の幹線輸送は、主に夜間の時間帯に行われていた。しかしこれでは、「即日配達」に対応できない。そこで同社は、幹線輸送と域内輸送を多頻度化させ、二四時間体制でダイヤを組み、受注から配達までのリードタイムを大幅に短縮させることにした。同時に、中長期的に荷物量が増えていくことを見込んで、主要都市にゲートウェイと呼ばれる巨大ターミナルを建設した。従来は各ターミナルで、夕方から夜にかけて発荷物を仕分けし、早朝から朝にかけて着荷物を仕分けしていたが、二四時間いつでも発着荷物のいずれも仕分けられる設備を導入したのだ。二〇一三年に羽田クロノゲートと厚木ゲートウェイが、二〇一六年には中部ゲートウェイが、二〇一七年一一月に関西ゲートウェイが稼働している。

利用者と通販業者が求めた速達性

ヤマト運輸では、二〇一〇年にトゥディ・ショッピング・サービス（TSS）を開始している。これは、ネット通販が最も利用される時間帯と言われる二一〜二四時に注文された商品を、翌日午前中に配達するサービスである。「夜注文した商品が、翌朝届いた」と顧客から驚きの声が寄せられ、通販業者からも好評を得た。

こうした短時間配送や当日配達といった速達性は、ネット通販の特徴である。商品を注文してから手元に届くまでに、何日間も要すれば、私たち消費者は実店舗に買いに行く。むろん実店舗では手に入りにくい商品をネット通販で購入することはあっても、近所のスーパーや帰り道の本屋でも売っている商品までをネット通販で購入する背景には、このような高度な物流環境がある。

確かに私たち消費者は、荷物を早く受け取ることを求めてきた。けれども、私たちが要求していた以上に、荷物は早く届くようになったようにも感じる。さほど急いでいない商品も、即日や翌日に届くのはなぜだろうか。

それは、荷主である通販業者にとっても、速達性に利があるためだ。例えば、荷物が早く届くほど、商品の返品率が下がると言われる。私たちが「心変わり」しないうちに、商品を届けることは、通販業者のニーズを満たすことにもつながった。加えて、即日配送すれば、物流センターに保管している商品の回転率が向上する。一部の地域では、注文後一時間以内で配送するサービスも生まれた。こうした数時間での配送が可能になれば、生鮮食料品をはじめ、取り扱う商品の幅を一層広げることができる。

夜間勤務の増大

しかし「翌日配達」を前提とした配送現場に、「即日配達」を持ち込んだことで、荷物の流れは大きく変わり、ドライバーの負担は一気に増していった。例えば、通販会社は、集荷締め切り時間のギリギリまで注文を受け付け、それらを即日に配達するよう求めてくる場合が少なくない。そのため、夕方以降にセンターに到着する荷物が急増した。

ヤマト運輸の配送現場で働く正規のドライバーは、一般的に交代勤務をしており、「早番」「遅番」「通し勤務」などのシフトでローテーションを組んでいる。各シフトの時間は、職場によって異なるが、例えば早番が八〜一九時、遅番が一四〜二一時、通し勤務が八〜二一時といった具合である。

夕方に大量の荷物が届けば、これまで夕方から夜にかけて勤務してきた遅番と通し勤務のドライバーだけでは対応しきれなくなる。荷物を配り終えるために、早番のドライバーが応援に入り、夜間まで勤務を続けることになった。こうした夜間時間帯の業務量の増加が、労働時間の長時間化を推し進めていった。

また、増加した荷物を運び終えるために、業務委託も増えた。同社が公表している資料によれば、二〇一三年から一四年にかけて「下払い費」がそれ以前の一割増となり、その後高止まりしている。むろん幹線輸送などの増強によって増えてきた部分もあるが、それだけではない。ラスト・ワン・マイルでも、委託業者が担う場面が増加していった。

ヤマト運輸では、各営業所の要員管理を、全国に約七〇カ所ある主管支店が決定する。集配の最小単位であるセンターが出した要望を主管支店がとりまとめ、フルタイマーもパートタイマーもドライバー職については、主に主管支店で募集、面接、採用が行われる。センター内に何人の要員が必要かという計算は、労働密度や労働時間を左右する重要な事項であるため、労組も関与する。算出元となる従業員一人あたりの荷物数は、全国一律に決められるわけではない。住宅街かオフィス街か、地方か都市かといった環境の違いによって、時間あたりに運ぶ個数は大きく異なるし、ドライバーのスキルや年齢によっても、荷物を運ぶ速さは変わる。それゆえ、労組と労働実態を話し合いながら、センターごとに必要な要員数がはじき出される。

同業他社では以前から集配業務を下請けなどの外部にゆだねるケースがあったが、ヤマト運輸は、サービス品質の重視を謳い、顧客と接する集配業務は自社で採用・育成した社員が行うことにしてきた。例外的に、年末年始やお盆といった繁忙期のみ、委託業者を使用していたが、この頃から常用的に使わざるをえない事業所が出始めていた。採用ペースを上回って荷物が増加していくなか、人手を補うために、委託業者に集配をゆだねる動きが広がり、旧来の社内ルールは崩れていった。

進まぬ再配達対策――変えられない「便利な生活」

こうした現場の負担を増加させたもう一つの要因が、再配達だった。時期を前後して、再配達が物流現場の負担となっていることがメディアによって報じられた。利用者の間には、再配達に対する罪悪感が生まれ、従来のままこのサービスを享受し続けられるのか動揺が広がった。

だが罪の意識は、日々の忙しさにかき消されていった。ヤマト・ショックから約一年が経過しようとしていた二〇一七年末、内閣府はある世論調査の結果を発表した。それによると、約九割の人が再配達を利用したことがあり、七割以上の人は再配達を問題だと考えている。けれども、七割近くの人が、コンビニ受け取りや宅配ボックスへの配達など、再配達削減に向けた方法を「いずれも利用したことがない」と回答した（内閣府『再配達問題に関する世論調査』二〇一七年一二月）。

私たちにとって、不在時に届いた荷物を再配達・再々配達してもらうことは、もはや当たり前である。それによりドライバーが過重労働になっていることに気づいても、その事実から目を背けてきた。私たちもまた、日々の生活に追われ、社会のあり様や自らの暮らしを見つめ直す余裕を持てずにいる。

社会のなかには、この便利さをそのまま享受していけるのか、享受し続けていいのか不安が漂っている。しかし、今さら「人手が不足しているから」と言われても、この便利な生活を変えることは難しい。

豊作貧乏

そもそもヤマト運輸の旧来のビジネスモデルは、ドライバーの担当区域あたりの個数を増やし効率を高めることで、収益を上げることにあった。

すなわち、ある配送ルートを通って荷物を配達する場合、荷物数が多ければ多いほど、一個あたりのコストは安く済む。一〇軒おきに一個の荷物を配達するよりも、一軒に一個ずつ配達できた方が、さらに言えば一軒に二個ずつ配達できればなおのこと効率性が増す。それゆえ取扱個数を増加させ、同一面積内での荷物の密度を上げることでコストを下げていくのが、同社の長年の経営戦略だった。

だがある時期からは、もはや荷物が増えても、効率が上がらない地域が生まれていた。現場に負荷をかけながら荷物量が増えていったものの、利益は上がらず、次第に「豊作貧乏」と揶《や》揄《ゆ》されるようになっていく。

ドライバーも人間である以上、一定時間内に配達できる個数には自ずと限度がある。荷物の密度がいくら増していったとしても、労働生産性（労働者一人が時間あたりに生み出す付加価値）は無限に上がっていくわけではない。実際ある段階からは、コスト削減効果が明らかに逓減していたという。

そのため、別の施策も取り入れられてきた。例えば、二〇一〇年頃から「チーム集配」制度が導入された。集配コースのなかにあらかじめ集配車を停める場所を定め、そこから台車などを使って周辺地域に配達していくこの方式は、とくにビジネス街や住宅密集地で効果を発揮した。パート社員と正社員のドライバーがチームを組み、協力して荷物を集配することで、業務は一層合理化した。

「送料無料」の広がり

しかし大口契約の締結は、そうした効率の高まりを上回るほどに、運賃単価を下落させ、収益を上げることを困難にさせた。宅配便の運賃は、個人利用においては決められた価格で運用

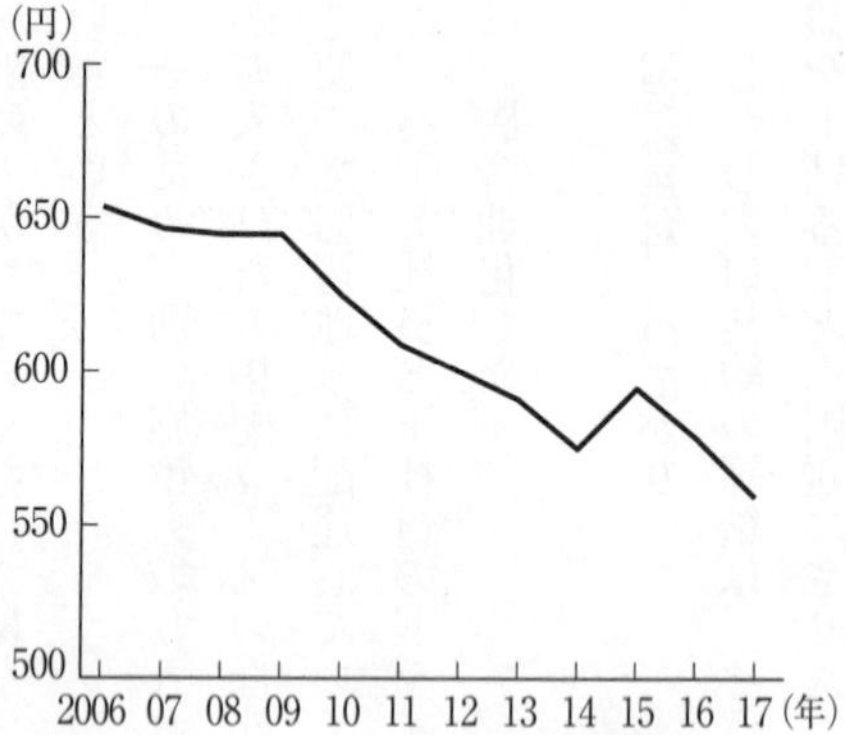

出所：ヤマト・ホールディングス発表資料.

図1-4　宅急便の単価の推移

されるが、法人契約においては荷物量や頻度によって割引が行われることが通例である。大口顧客と契約を重ねることで、宅急便の単価は大きく低下していった（図1－4）。

労使の協議でも、運賃をめぐる議論はなされてきた。大口顧客との契約にあたって、労組は、会社全体の収益性の低下に対する懸念と個別の運賃に関する採算性の検証を訴えたと言う。

なお、配送料の低減化は、速達性とともにネット通販のもう一つの特徴である。例えば、五〇〇円の本に五〇〇円の配送料がかかれば、特段の理由がない限り、ネット通販の利用は広がらない。ゆえに通販業者は、配送料を極限まで安価にしようと努めてきた。その結果、生まれてきたのが「送料無料」だ。

私たちは、「送料無料」という表示を眺めつつも、もちろん配送料が無料なわけがないことを分かっている。けれども、どのようにして「送料無料」が維持されているのか、実際の配送料金は一体いくらなのか、「送料無料」という表示のあり方は適正なのか、そうしたことを気にしなくても、商品はきちんと手元に届く。

次第に、私たちは数ある通販業者のなかから「送料無料」を謳う業者を探し出し、そこから商品を購入するようになる。そうなると送料の支払いを求める業者は、売上を減らさざるをえない。そこでどの業者も、送料をギリギリまで下げようと経営努力に走る。その結果、今日、「送料無料」は珍しくなくなった。こうしてネット通販の利用は、日常化していった。

3　「お客様のために」——形骸化していったルール

「現場力」を支える労使関係と分権化した管理体制

宅急便の生みの親とされる小倉昌男元社長は、自著『経営学』（日経BP社、一九九九年）のなかで、「労働組合がないと経営が成り立たないとすら思っている」と書いている。巨大な企業組織になれば、トップが示す経営方針や理念を末端の職場まで行き渡らせることが難しくなる。ヤマト運輸は、労使関係を通じて、それを実現させてきたと言われる。

同社には、経営側と労働組合が密に話し合う体制が、職場の隅々にまで存在する（表1-2）。

表 1-2　ヤマト運輸の労使協議の体制

	協議体（開催頻度）	会　社	労働組合
本社協議会	業務振興協議会（年 6 回）	本社の役員及び各部長・人事担当者	中央本部の役員
支社・ブロック	業務改善委員会（月 1 回）	支社長，副支社長，各主管支店長，支社の役職者，主管の人事課長など	各支部委員長
主管支店・支部	業務改善委員会（月 1 回）	主管支店長および支店長	支部委員長および支部委員
センター	業務改善会議（月 1 回）	支店長，センター長，一般社員	支部委員，一般社員

出所：ヒアリング調査をもとに著者作成.

月一回のペースで開かれている「業務改善委員会」では、労働時間の確認のほか、新商品や新サービスについて協議がなされる。

加えて、サービスの品質改善に向けた「品質アップ委員会」、運行時間に関するサービス課題を話し合う「ネットワーク検討委員会」をはじめ、社内の様々な検討部会や委員会が、労使をメンバーに構成されている。そのような特徴を持つヤマト運輸は、労使コミュニケーションを重んじる「日本的労使関係」を代表する企業の一つと考えられてきた。

こうした緊密な会社と労働組合の関係は、同社の「現場力」を高め、サービスの拡充につながり、企業の成長に寄与してきた。例えばヤマト運輸は、他社に先駆けて、一九九六年に年末年始の営業を開始している。これは、労組から会社に提案して始められたものだった。通常、労働条件の維持向上に努めるはずの労組が、年末年始の営業という労働条件の悪化ともいえる変更を提案することは考えにくい。しかし同社では、ドライバーが「お客様が正月営業を希望している」という意見を労組に寄せ、労組は会社にそれを申し入れた。

各事業所で開催される業務改善委員会の主要課題の一つが、労働時間である。ドライバーの労働時間管理は各センターの責任者が行い、主管支店でその結果を集約し、必要に応じて支店からセンターに指導や是正が入る。

このように同社の管理体制は分権化している。主管支店には、経理、人事、営業などの課が配置され、労働時間管理、要員管理のほか、管轄するセンターの目標達成額の決定、営業成績の取りまとめなどが行われる。センターの営業成績は、地域性に大きく左右されるため、売上額の多寡がドライバーやセンター長の給与にそのまま反映されるわけではないが、各地の事情を考慮したうえで目標額が設定され、達成度合いが測定される。労使関係のあり方も分権化しており、主管支店やセンター単位で、使用者と従業員・労働組合が定期的に話し合うように設計されている。

こうした分権化した体制が、従業員の自主性や責任感を育み、ヤマト運輸の「現場力」の強さとなってきた。

強みが生んだ逆説

その一方で、高い「現場力」と柔軟な労働時間管理は、表裏の関係にあった。

毎日顧客と対面している現場は、顧客サービスを優先した柔軟な対応を選択しがちになる。荷物量の増加を受けて、ドライバーの多くは、責任感ゆえに、荷物を運び終わるまで業務を続けた。労働時間に関する労使協定を「守らないというよりは、守りたくても、守れなかった」と話す。人手が足りないなかで、各現場は業務をこなすことを第一に考え、その結果、長時間労働が生み出されていった。

ドライバーにとって、給与の増加が長時間労働のインセンティブとなってきたことも否めない。同社のドライバーの賃金体系には、歩合給が導入されており、それゆえ荷物を運べば運ぶほど、給与は増えていく。つまり、超過時間分の賃金が適正に支払われていなかったことは事実だが、同社の「サービス残業」が完全な無給労働を意味するわけではない。こうした給与体系が、ドライバーの長時間労働を促進してきた可能性がある。後述するが、このことは同社のみならず、業界全体に広く共通している。

同社では、年間計画労働時間を超えそうになると、就業時間を調整するために、通し勤務から、早番勤務や遅番勤務といった一日の勤務時間が短いシフトに移ることになっている。だが、ドライバーのなかには、要員が不足する状況で無理にシフトを変更してしまうと、業務に支障を与えてしまうし、車に乗る時間が短くなれば、収入が減ってしまうこともありうるため、それを避けたいと考える人も少なくない。他方で、ドライバーたちは、上司や労組から休憩取得や年間計画労働時間を守るように指示される。そのようなジレンマのなかで、昼休み休憩の時間が足りなくても基準通り取得したと申告する社員が増えていった。

こうした不適正な労働時間の申告は、以前から少なくとも一部に存在していたと思われる。それは、労基署の指摘からもみてとれよう。すでに述べた通り、ヤマト運輸は二〇一六年八月に労基署から是正勧告を受けたが、それ以前にも同様のことは起きていた。二〇〇七年七月と八月に大阪市と徳島市の集配センターで、一部の従業員が携帯端末を入れる前や切った後に作業をしていたことを労基署が認定している。この後、会社は、全国約六〇八七カ所の集配センターで「サービス残業」の実態調査を実施し、各都道府県で業務改善会議を開き、「サービス残業」撲滅を呼びかけた。にもかかわらず、二〇〇八年一〇月には再び、桑名市と松阪市の事業所が、労基署から違法残業の是正勧告を受けた。

このように、従来も少なくとも局所的には、もしくは繁忙期に一時的には、そうした事態が生じていた。二〇一四年以降、荷物量の急増に人手が追いつかなくなったことで、それが全社的かつ恒常的な現象へと変わっていったものと思われる。

長年の課題——労働時間の短縮と賃金の維持

今となっては、皮肉に聞こえるかもしれないが、ヤマト運輸は、長年にわたって労働時間の短縮に取り組み、労働時間管理の厳格化に努めてきた。トラック業界は、好景気のたびに深刻な人手不足に見舞われており、業界最大手のヤマト運輸とて、その例外ではない。継続的に人を採用し続けるには、労働時間の削減が何よりも重要だと、同社は考えてきた。

とくに週休二日制の導入をもたらした一九八七年の労基法の改正は、同社にとって、労働時間の削減に取り組む大きなきっかけとなった。小倉社長は、労働時間の短縮に着手することを宣言し、会社は「時短を進め、生活を楽しめるゆとりと余暇の実現」をスローガンに掲げた。そして「年間休日一〇〇日」など、具体的な施策を次々と講じた。それ以後、毎年のように春闘と秋闘で労働時間短縮が話し合われるようになり、労使協定による労働時間の上限(年間計画労働時間と三六協定いずれも)が引き下げられていった。

表 1-3　ヤマト運輸の労働時間の短縮過程

年	年間休日	計画年休	記念日休暇	年間所定労働時間	年間計画労働時間	施　策
1985	79	–	–	2073.5	–	–
1988	94	–	–	2077.5	–	時短モデル店設置
1989	100	–	–	2077.5	–	本社フレックスタイム制導入
1991	107	3	–	2072	–	計画年休制度導入
1992	110	3	–	2040	–	労使委員会による時短プログラム策定
1993	114	3	–	2008	–	個人別労働時間管理表の作成
1995	117	3	–	1992	–	管理者の賞与査定に労務管理を反映
1998	117	3	–	1984	2650	–
2001	117	3	–	1984	2600	1 年単位の変形労働時間制度導入
2002	117	3	–	1984	2550	2 時間休憩，M 型勤務導入
2006	117	3	–	1984	2550	短時間勤務日を導入
2008	117	3	–	1984	2524	月間変形労働時間制に変更
2010	117	5	–	1984	2500	計画年休を 2 日増
2013	115	6	–	2000	2490	計画年休を 1 日増
2015	117	6	1	2008	2464	記念日休暇を 1 日獲得
2017	117	6	3	1992	2448	記念日休暇を 3 日とする
2018	117	6	3	1984	2400	年次有給休暇 70 % 以上の取得

出所：ヒアリング調査時に示された資料をもとに著者作成．

表1-3に示した通り、年間計画労働時間は一貫して減少し、一九九八年から今日までの二〇年間で、約二五〇時間削減された。年間所定労働時間は、二〇一〇年から一五年にかけて、様々な事情により一時的に増えたが、その間も年間計画労働時間の短縮は進んだ。

なお同社は、一カ月単位の変形労働時間制を採用している。月間の労働時間を定め、その範囲内において業務の波動に合わせて週ごと、日ごとの労働時間を調整できる制度である。変形労働時間制度は、トラックドライバーに広く普及しているものである。年間所定労働時間および年間計画労働時間によって労働時間に大枠がはめられ、その範囲内で月ごとに勤務表が作成される。

ただし、労働時間削減を、現場ドライバーは手放しでは喜ばないという。ヤマト運輸に限らず、トラックドライバーの間には、労働時間の短縮よりも収入の増加を求める声が少なくないからだ。「労働時間削減の分だけ賃金が減額されるような時間短縮など現場で理解されるはずがない。それでは労組が機能していないのと変わらない」と同社の労組幹部は言う。実際、同社では、これらの労働時間短縮による賃金の低下は起きておらず、労働時間が減った分、むしろ時間あたり賃金は上昇してきた(ただし、二〇〇二年に賃金制度の見直しが行われ、その際に賃金水準の低下が起きている。これについては一三四頁で紹介する)。

「サービス残業」の始まり

今回、問題とすべきことは、こうした労使で締結された労働時間ルールが、各職場でどれほど遵守されていたのか、という点である。

過去の記録によれば、労使協定上の労働時間が削減されても、現場にそれが浸透していくには時間を要したことが分かる。会社と労組は、携帯端末によって集計される従業員一人ひとりの実労働時間から、協定を超えた者が何人いるのか、どこの支店で働いているのかを確認してきた。労使協定を超過した者が出た場合、その職場の管理者は、上位の役職者から是正指導を受けることになる。

また会社と労組はともに、年間計画労働時間や計画年休の日数を周知させるために、パンフレットやポスターを作成し、管理者やドライバーに配布したり各職場に貼ったりするなど、遵守を呼びかけてきた。それらには、例えば「『入店していい時刻』より前に入店してはいけません」とか、「出勤命令時刻前に、仕事をしてはいけません(つり銭の準備も仕事です)」「仕事は必ずPP立ち上げ後に行いましょう」「短時間勤務時においても、法定休憩時間を必ず取得して下さい」「実際に取得した休憩時間を正しくPPに入力しましょう」などといった言葉が並ぶ。これらの資料から、同社では出勤時刻を「入店していい時刻」と呼び、それ以前の出社を抑制してきたことがうかがわれる。なおこの「入店していい時刻」は、現場の労使の定例会議（業務改善会議）で設定される。

だがこうした呼びかけも、必ずしもワーク・ルールの厳格な遵守にはつながらなかった。同社のドライバーは車通勤をしている者が多いため、渋滞を予想して早めに家を出てくることが一般的であり、その結果、早めに職場に到着することがある。「出勤命令時刻」までは待機するのがルールだが、「（目の前に積まれた）荷物があるのだから」という気持ちから、PPを立ち上げる前に業務を始めてしまう。そうしたことが、「サービス残業」につながっていった。

ドライバーズ・ダイレクト

今回の「サービス残業」問題においては、昼間の休憩時間にも関心が集まった。ドライバーたちが、昼休憩をとる暇もなく働き続けていた実態は、様々にメディアによって報じられた。だが資料をみる限り、会社と労組はともに、法定休憩時間の取得を強く呼びかけ、実際に取得した時間を申告することを求めてきた。社内制度上、休憩時間はあらかじめ勤務交代表に定めなければならず、管理者は乗務後の点呼時に休憩の有無を確認し、記録をつけることが義務づけられていた。

しかしながら、そうした社内ルールから、実態は乖離していた。休憩時間を妨げた要因の一つに、「ドライバーズ・ダイレクト」の存在が指摘される。これは「不在連絡票」を受け取った顧客が、再配達を依頼するにあたって、ドライバーに直接電話できるサービスである。昼休み中に顧客からの電話に出て、即時配達を求められ、休憩をとらずに配達していたとも言われる。そのため、二〇一七年春闘の労使合意では、昼の配達時間帯(一二～一四時)などの取り止めと、昼の休憩時間帯は顧客からの電話をコールセンターにつなげることが決まった。

ドライバーズ・ダイレクトは、二〇〇四年に導入された制度である。それ以前、ドライバーの業務連絡には無線が使われており、ドライバーが顧客から直接電話を受けることはなかった。顧客との直接対話は、当然ドライバーの仕事上の負荷を高めることになる。しかし、顧客との間にオペレーターが介在するよりもコミュニケーションがとりやすいことと、当時はちょうど携帯電話の普及が進んだ時期だったこともあり、ドライバーたちは導入を好意的に受け止めたという。

むろん休憩時間帯に鳴る電話については、すぐに問題となった。労使で話し合った結果、休憩時間帯はコールセンターに転送することが、二〇〇八年に社内ルールとして定められた。これによりドライバーは、必ず転送設定をしてから休憩に入り、休憩終了時に設定を解除することになったはずだった。

けれども、実態は違った。顧客からの電話をコールセンターに転送すれば、それを受けたオペレーターがドライバーに連絡し、その後ドライバーが顧客に電話をかけ直すことが多かった。集配ルートなどの都合上、オペレーターが回答できない場合があるためだ。だが、「それなら最初からお客様と話した方がいい」と転送設定をせずに休憩に入るドライバーが少なくなかった。その一方で、ドライバーからは「ゆっくり休めない」といった意見もあった。しかし結果的に、このワーク・ルールは形骸化してしまった。

利用者からしても、ドライバーと直接話せる方が便利である。「今、帰宅したから、これから届けてほしい」「何時には家を出るので、いつまでには持ってきてほしい」と細かな注文ができるし、とくに顔見知りのドライバーの場合には柔軟な対応をしてもらえるかもしれない。多くの利用者は、電話口のドライバーが休憩中かどうかを気にしてこなかっただろう。むしろドライバーがすぐに電話に出ないことに、苛立つことさえあった。私たちは、この便利さがどのように維持されているのかを考えようとしてこなかった。

「現場に任せる」姿勢が生んだ弊害

ヤマト運輸は、一面において、現場で生じている労働問題を比較的速やかに組織の上層部へと伝え、労使トップが解決のために話し合い、ルールをつくり、制度化してきた。そうして導入されたワーク・ルールには、一般企業のそれよりも厳格なものさえ存在する。例えば、出勤時刻よりも前に出社することを禁じている企業は、そう多くない。全国に広がる営業所で働く一人ひとりの始業・終業時刻を、本社人事部と労組中央本部が共有している企業も、少ないだろう。そうした意味で、同社の労務管理が、とりわけ杜撰な体制だったとは必ずしも言い切れない。

しかしながら、こうしたワーク・ルールは、業務の波動に合わせて、柔軟に取り扱われており、それを労組もある程度容認していたようにみえる。事前に荷物の個数をコントロールできないにもかかわらず、全国に翌日もしくは当日配送し、指定された配達時間を守ってきた。また顧客の要望に極力応えようとするなかで、ドライバーたちは、荷物量が増えれば昼休みを潰し、夕方に大量の荷物が届けば夜間も残業してきた。それでも、従来は超過した時間分を閑散期に調整し、少なくとも年間の上限労働時間をそれなりに遵守できた。しかし新たな人手が入ってこないままに、荷物量が増加を続けたことにより、ワーク・ルールを守ろうとしても、次第に守れない状況になっていった。

他方、同社のワーク・ルールが、現場でまったく無視されていたわけではないのも事実である。年間計画労働時間を超えてはいけない、出勤命令時刻を厳守しなければならないといった認識は、ドライバーの間に広く浸透していたと推測される。むしろ法令や協定遵守の意識が、あたかもルールを守っているように取り繕う行動に走らせ、携帯端末を立ち上げる前に仕事をするといった「サービス残業」を生み出した。労働時間を適正に申告しない悪しき慣習は、徐々に職場に蔓延し、いざそれを止めようとしても、止められない状態になっていた。

そして分権化した労使関係が、結果的にこうした状況を保持させる方向に機能した可能性も指摘できる。一つには、分権化すれば、各現場の実態を反映しやすくなるが、顧客と対面している現場はワーク・ルールよりも顧客の要望を優先しがちになるためである。

もう一つには、分権化すれば、労使関係が機能する職場(つまり労組が実態に基づいて適切に主張し、管理者が誠実な対応をとる職場)もあれば、機能しない職場(労使相互の信頼関係さえ構築できていない職場)も出てくる。そして後者の職場において、ワーク・ルールは守られなくなっていく。

同社の労使はともに、そうした職場にテコ入れしなければならない、という認識を抱いていた。だが本腰を入れた対策は、十分にとられてこなかった。現場の問題は現場の労使間で解決するという「現場に任せる」姿勢が、全社的な抜本的対策の遅れとなり、職場で「サービス残業」を横行させ、放置させ続ける要因となったことは否めない。

クール宅急便問題と労使関係の緩み

ヤマト・ショックの予兆と位置づけられる出来事が、すでに二〇一三年に生じていた。「クール宅急便問題」である。

クール宅急便は、ヤマト運輸では一九八八年に開始された商品であり、保冷状態で荷物を搬送するサービスである。これは、同社のドル箱の一つとされる。二〇一三年一〇月二五日、朝日新聞が、朝刊一面にヤマト運輸のある営業所でクール宅急便が常温のまま仕分けされている様子を、同社の現・元従業員の証言とあわせて報じた。

ヤマト運輸は、その日のうちに記者会見を行い、全国の営業所の五％にあたる約二〇〇カ所で、温度管理のルールを守っていなかったことを明らかにした。その一カ月後には、クール便の温度管理に関する調査結果と再発防止策を発表した。その際、同社社長は、「現場の声に耳を傾ける姿勢が経営陣に足りなかった。信頼を裏切り誠に申し訳ない」と謝罪した。

クール便の常温仕分けについては、実はそれ以前から、現場ドライバーから指摘する声が上がっていた。会社は、ある程度その実態を把握していたはずだが、抜本的な対策をとってこなかった。労組にも、組合員からそうした声がいくつも寄せられ、労使会議の場で会社に是正の申し入れをしていた。だが、一部の営業所の問題として対症療法がとられたにすぎず、全面的な改善策に踏み込んだ議論につながらなかった。結果的に、「問題の大きさを誤認し、適正な対応になっていなかった」と当時の関係者は話す。

つまりクール便をめぐる問題が、社内で解決をみず、メディアに報じられた背景には、品質保証に対する認識の甘さとともに、同社が従来大切にしてきたはずの、現場の声に敏感に反応し、改善策を立て、より良い職場をつくっていく体制に緩みが生じていたという事情があったといえる。

ヤマト運輸の労組幹部は、「単に話し合う機会が多いだけで労使関係が良好ということにはならない。働く者と経営者のバランスのとれた判断が求められる。天秤の力点をどこに置くかということだ。バランスが崩れれば歪みが生じる。しかし、どんなに協議を重ねても結果をみなければ分からないことも少なくないから、ヤマトの労使が必ずしも一貫して最良のバランスを保ってきたと言い切るのは難しい。力点を修正しようと労使双方に葛藤が生まれた時期もあったと思う」と述べ、「労使関係は生き物みたいなもので、育て方しだいで、良くも悪くもなる」と語る。

いかに緻密な労使対話や現場の声を吸い上げる仕組みが導入されていても、運用において、当事者たちがそのための努力を重ねていかなければ、制度は容易に機能不全に陥ることを示している。

4　社会を維持するコスト

繰り返された臨検と労基署への申告

二〇一六年八月の神奈川平川町支店に対する労基署の是正勧告は、二名のドライバーの申告を契機としたものだった。このドライバーたちは同時に、過去二年分の未払い残業代の支払いを求める労働審判を申し立てた。なお、労基法一一五条により、賃金の請求権の時効は二年間とされており、それ以上遡って未払い賃金を請求することは、通常難しい。報道によれば、彼らはタイムカードの入退館時刻と携帯端末のオン・オフ時刻との差を「サービス残業」時間として集計し、差額の支払いを求めた。二〇一七年三月、和解が成立している。

長時間労働が社会的関心を集めるなか、二〇一七年一月三一日には、参議院予算委員会で、日本共産党の田村智子議員が、ヤマト運輸の事例を示しながら、「サービス残業」の撤廃には労基署が事業所を「モグラたたき」しているだけでは不十分であり、「本社に対する厳しい対処」が必要だと政府に迫った。それに対し、安倍晋三首相は「事業所ではなく本社にしっかりと入って、(中略)会社全体がそういう働かせ方をしているのかどうかということについても徹底的に調査をしなければならない」と答弁した。こうした国会でのやり取りは、その後のヤマト運輸の対応に、少なからぬ影響を及ぼしたと思われる。

二〇一七年二月、ヤマト運輸は、グループ社員約八万二〇〇〇人の労働実態調査を開始する。事業所ごとに責任者が社員と面談し、過去二年間の勤務時間について未払い分を明らかにしようとした(パート社員は申告があれば調査を実施することにし、直接の調査対象にはならなかった)。労組は、組合員からの苦情を受け付けるとともに、面談が適正に行われていることを確認するため、各支部の執行委員らがすべての面談に同席する体制を組んだ。

調査は、同年四月にいったん終了し、その結果、約一九〇億円の残業代未払いがあったことが明らかになった。それに伴い、同社の二〇一七年三月期の営業純利益は、三四〇億円から一九〇億円に修正され、大幅な減益となった。そして同月、同社は宅急便の基本運賃を二七年ぶりに値上げし、大口顧客とも価格交渉に入ることを公表した。あわせて運賃値上げ分をドライバーの待遇改善に充てる方針が示された。

だが、それ以降も従業員から未払い残業代の調査期間が短く、適切に申告できなかった、といった不満の声が続出する。同社は追加調査を実施し、同年六月には約四〇億円の未払い金の追加清算を発表した。さらに精査は続けられ、最終的に未払い金の総額は、二四二億円にまで膨れ上がった。二〇一七年四～六月期の営業損益は、約一〇〇億円の赤字となった。

しかしその後も、従業員から未払い金の清算に関して様々な苦情が出ていると、メディアは報じてきた。納得を得る調査結果にならなかった理由は、過去二年間にわたる勤務実績を労働者本人が正確に記録しているケースが少なく、曖昧な記憶に頼る申請にならざるをえなかったためである。営業所ごとに、清算された金額に差が出れば、不満が生じないはずがない。ドライバーのなかには、社外の労組に加入する者もあらわれた。二〇一七年八月、同社は社外労組から団体交渉を要請された。

さらに二〇一七年九月には、福岡労働局が、同社の博多北支店のドライバーに違法残業をさせた疑いで、法人であるヤマト運輸と支店の労務管理を担当していた幹部社員二人を福岡地検に書類送検した。労基署が認定した違法残業は、二〇一六年六〜七月分であり、同社は二〇一七年二月の社内調査により、この期間の未払い残業分を支給したと発表していた。だが福岡労働局は、たびたび是正勧告をしてきたにもかかわらず違法残業がなくならなかったことから、悪質性が高いと判断し、書類送検に踏み切ったと説明した。

二年分の未払い残業代の清算のねらい

こうした経緯を前提としながらも、過去二年間にわたる未払い残業代の清算について改めて考えてみたい。

まず労基署は、違法性を認定した場合、申告した労働者はもちろんのこと、その労働者が在籍する事業所の他の従業員についても是正勧告することができる。すなわち、労基署から違法残業を認定された会社は、申告した労働者に加え、当該の事業所の全従業員に対する未払い金の清算を求められることがある。しかしながら、労基署が地域をまたいで全社的な調査を実施することや、全国の従業員に対して清算を求めることはない。したがって、未払い残業代の清算は、申告した本人および当該事業所に対してのみ行われ、それ以外に波及しないケースが少なくない。ヤマト運輸のように、全社調査を実施し、全従業員(それは正社員に限られるが)を対象に清算する事例も存在するが、その際にも清算する範囲や期間は、まちまちなのが実状である。

厚労省の発表によれば、労基署は、年間一七万件ほど事業場に指導監督を実施している。賃金未払い残業に関する是正勧告を受け、是正した企業数は、年間一〇〇〇～二〇〇〇社にのぼる。二〇一七年度は一八七〇社だった(一〇〇万円以上の割増賃金遡及支払いを行った企業数)。このうち、どれほどの企業が、全社レベルで未払い残業の実態調査を実施し、過去二年、もしくはそれ以上に遡及して清算したのかは分からないが、各社の発表や新聞報道などをみる限り、そうした対応をとることが一般的だとは言い難い。企業には、労働者が働いた分の賃金を支払う責務がある。だが、日本社会では幅広く未払い残業が存在しており、その清算さえ困難なケースが多い。

では、ヤマト運輸が全社調査と過去二年分の清算を決めたのは、どういった経緯だったのだろうか。一つには、長時間労働に厳しい社会的風潮や、労基署が散発的に同社の事業所に査察(臨検監督)に入っていたことなどが、それを後押ししただろう。

もう一つは、「社員からの信頼確保」のためだった。何よりも現場の社員が会社に不信感を抱くことへの危機感があったという。二〇一六年末には、「社員の信頼を失わないためには会社の決意をしっかり示さなければならない。社員にとって「良い会社」でなければ、「良いサービス」を提供できない」といった認識を労使は確認し、「これまでの職場の風土を一掃し、社風を刷新する」という思いを強めていった。

グループ社員約八万三〇〇〇人を対象とした過去二年分の未払い代金の清算額は、巨大な金額になった。それらを一時金として計上し、大幅な減益に転じた会社の様子をみて、「ようやく「まだサービス残業やってます、なんて言ったら大変な問題になる」という雰囲気が現場に出てきた」という。

労働時間管理のあり方についても、同時に見直しを決めた。そもそも携帯端末で実労働時間を測ること自体に無理があったと判断し、勤務時間の把握を携帯端末から入退館時のデジタル管理へ切り替えることとした。

ヤマト運輸のこれらの決定は、社会的にも大きな影響を与えた。競合会社である佐川急便も、二〇一七年六月から違法残業の社内調査を実施したことが報じられている。新聞報道によれば、佐川急便は、全国四二五事業所にいる約三万人のドライバーを対象に、二〇一六年八月からの一年間に限り、休憩時間に働いていなかったかどうかを確認したという。つまり佐川急便では、所定労働時間前後の残業時間の未払い分については、調査対象としていない。同社は調査対象期間を一年に区切った理由として「客観的に確認できる社内書類が一年分しかない」ことを挙げている。現時点まで、同社従業員からの調査方法や調査結果に関する苦情は、表面化していない。その理由が、そうした「サービス残業」がそもそも存在していないためなのか、声を上げるルートがないためなのか、はたまた他の理由によるものなのかは分からない。

ヤマト運輸の「働き方改革」

二〇一七年二月、ヤマト運輸は、「働き方改革室」を設置した。同社は、二〇一七年度に最優先する経営課題に「働き方改革」を位置づけ、①労務管理の改善と徹底、②ワークライフバランスの推進、③サービスレベルの変更、④宅急便総量のコントロール、⑤宅急便の基本運賃の改定の五つに取り組むと発表した。そして一万人規模の社員を採用する目標を掲げた。

同時に、改革のための委員会が階層ごとに設置され、その構成メンバーに労使それぞれの代表者が加わった。例えば、持株会社のヤマト・ホールディングスに設置された「グループ働き方創造委員会」には、各グループ会社の役員と、グループ労連(労働組合のグループ連合会)の事務局長が入り、ヤマト運輸本社のそれには、本社役員と本社組合役員が参加した。そして支社レベル、主管支店レベルにも働き方改革委員会が設置され、すべてが労使双方のメンバーによって構成された。あらゆる階層に働き方改革のための委員会を設け、各現場の事情に合わせた「働き方改革」を検討することにしたのである。

上下の階層の意思疎通を円滑にするための努力も始められた。それまで会社は、本社で決定したことを支社長に説明し、さらに支社長が主管支店長に説明する、といった上意下達で情報を流し、指示を伝えてきた。だがそれでは、途中で情報がうまく伝わらないこともあった。そこで近年では、本社が直接、主管支店長とテレビ会議で協議するなど直に話をする機会を増やしたり、一般社員が出席するパネルディスカッションを企画し、そこへ本社の役員も参加したりするなど、新たな試みが進んでいる。労組も、本部が各支部の活動の実態に踏み込んで対応するように変わりつつある。機能しうる労使関係の再構築に向けた取り組みが行われている。

同年四月末、同社はデリバリー事業の構造改革案を発表した。それによれば、同社の取扱荷物の約九割を占める法人顧客、なかでも大口の法人顧客向けに繁忙期の出荷調整を行ったり、複数荷物をまとめて配達する仕組みを構築したりすることや、「法人顧客プライシングシステム」(燃料費や時給単価の変動などを組み込み、コストを反映させた運賃の決定システム)の導入を検討することが発表された。そして宅急便の総量を処理能力に見合った水準にコントロールする方針が掲げられた。実際に二〇一七年一〇月の宅急便の取扱個数は、前年同月に比べて一・一%

減となり、二〇一八年九月までは前年同月を約五〜一〇％下回る荷物量が続いた。二〇一七年度の個数は一八億三六六八万個と、二〇一六年度よりも三〇八九万個減り、総量抑制の効果が示された。

同社は、二〇一八年一月末、値上げ交渉をしていた大口顧客のうち六割が値上げに応じて契約を継続し、四割とは取引を解消したことを明らかにした。宅急便一個あたりの単価は、五五九円（二〇一六年度）から五九七円（二〇一七年度）に上昇した。そして同社の二〇一八年三月期の連結決算は、二期ぶりの最終増益となった。荷受けを抑えて単価を上げ、利益を上昇させた結果、価格転嫁に成功した事例と評されている。

背景にあるのは業界全体の構造的な問題

以上の通り、ヤマト運輸は、社内の労働のあり方を変えようと取り組み始めた。けれども現段階では、同社の「働き方改革」が成功するのかどうかは分からない。そこには、いくつもの不確定要素が存在している。

例えば、労働時間を減らすためには、計画通りに採用を進め、現場に十分な要員を配置しなければならない。しかし、それが簡単でないことは、すでにみた通りである。運輸業界の人手不足は、深刻さを増しており、にわかに好転するとは考えにくい。

運賃の値上げについても、同社が提示した基本運賃が安定的に推移していくには、競合関係にある他社が同様に値上げに動くことが必要となる。しかも、荷主や消費者がどのような行動をとるか、さらには運賃上昇の流れが業界全体に広がるかどうかにも左右される。

労使交渉の結果や、職場に適用されるワーク・ルールの内容は、その企業の労働のあり方に強い影響力を持つ。それゆえ本章では、ヤマト運輸を事例に、ルールの形成過程やその適用状況を詳述してきた。しかしながら、各職場の労働のあり方は、社内の労使関係やワーク・ルールのみに規定されるわけではない。それぞれの職場でいかなる働き方がなされるのかは、その業界の競争環境や適用される労働法規、その職種の労働市場などと切り離して論じることはできない。つまり、業界全体のあり方が変わらないままに、ヤマト運輸一社が「働き方改革」を成し遂げることは容易でない。

そもそもヤマト運輸は、グループ全体で約二〇万人の従業員を抱える巨大企業であり、物流業界を代表する存在である。だが、この業界は、そうした企業ばかりで構成されているわけではない。宅配便の市場は、ヤマト運輸、佐川急便、日本郵便の三社でシェアの九割以上を占めており、寡占化している。一方で、宅配便の幹線輸送や法人を顧客に貨物輸送を担う一般貨物の運送業には、六万を超える事業者が参入しており、その九割以上は中小零細企業である。一般貨物の市場では、中小企業がひしめき合い、過当競争が繰り広げられてきた。つまり物流業界は、少数の大手企業と圧倒的多数の中小企業によって構成されている。巨大企業と中小零細企業、寡占化した市場と過当競争が進む市場というように、異なる性格を有する企業と市場が併存している。

しかし、労働に焦点を合わせて物流業界をみると、その主力は、いずれもトラックドライバーと呼ばれる運輸労働者たちである。そして、極めて長い労働時間や曖昧な労務管理という特徴があること、歩合給比率の高い給与体系が普及していること、深刻な人手不足にあることなど、多くの共通点を持つ。ヤマト運輸で起きた「サービス残業」や人手不足は、同社に限った問題ではない。それは業界全体が長年にわたって抱えてきた宿痾《しゅくあ》である。

そして荷主や利用者との関係についても、共通点を見出すことができる。宅配便市場で単価の引き下げ競争が起きていたように、中小零細の運送会社間でも、激しい運賃の値下げ競争が進んできた。そしてヤマト運輸が「お客様のために」を合言葉に、ワーク・ルールよりも荷主や利用者の利益を優先させてきたように、中小運送会社のドライバーたちもまた、荷主の都合に振り回されながら働いている。

すなわち、ヤマト運輸のような大手企業も、業界の商慣行や雇用慣行に影響され、その実態に引っ張られざるをえない。その背景には、この業界特有の法律や制度が存在している。

そこで本書では、次章以降、ヤマト運輸の外に広がるトラック業界全体の労働実態について、考察を進めていく。

第2章　休めない、支払われない、守られない

——トラックドライバーの現実

1　物流の九割を占める日本経済の黒衣

暮らしを運ぶトラック——農家の野菜がスーパーに届くまで

コンビニで弁当を買う。スーパーで肉や野菜を買う。ドラッグストアでシャンプーを買う。私たちが、日常生活を送るにあたり、当たり前のように行っているこれらの消費行動のすべては、モノが生産・製造された場所からコンビニやスーパーといった店舗に運ばれてくることによって成り立っている。こうしたモノの運搬や管理を「物流」と呼ぶ。国内で年間に輸送される貨物量は約四七億トンにのぼり、このうち九一％がトラックによって運ばれている。今日、トラック輸送は、日本の物流の主軸である。

この章ではまず、農家で収穫された野菜が、私たちの手元に届くまでを例にとり、トラック輸送の実態を解説してみたい。近年は、卸売市場を通さずに、生産者や出荷団体から直接スーパーに配送したり、インターネットを通じて農家と消費者個人がやり取りして直送したりするサービスも増えている。だがここでは、ごく一般的な流通経路を取り上げる。

生産農家は、通常、野菜を収穫したら、それらを選別し、結束や梱包をしたうえで、農協などの出荷団体に送る。農協は、集荷された野菜の品質や数量を確認し、卸売市場に出荷する。卸売市場では、卸売業者と仲卸業者との間でセリ(競売)が行われ、価格が決められる。値がついた野菜は、仲卸業者からスーパーなどの小売業者、飲食店、介護施設や社員食堂などに買い取られる。

日本の野菜の主な生産地は、北海道、関東、九州である。一方で野菜の主たる消費地は、首都圏である。ゆえに各地の農協から出荷された野菜の多くは、東京、神奈川、千葉などにある卸売市場へと運ばれてくる。その輸送手段は、一部にフェリーも使われるが、大部分がトラックである。とくに葉物野菜など、短時間で消費者のもとに届けなければならない商品は、トラックが利用されてきた。これらの野菜は、鮮度を保つために冷却された状態で保冷車に載せられ、生産地から市場まで時を置かずに運ばれる。

トラック以外の主な輸送手段には、鉄道、内航海運、航空があり、それぞれ特徴がある。鉄道輸送は、大量の荷物を中・長距離輸送することに長けているものの、積み替えや集配に時間を要することや、繊細な商品(例えば軟弱野菜など)を痛めやすいこと、鉄道ダイヤや駅施設面での制約を受けることなどのデメリットがある。内航海運輸送は、重量や嵩《かさ》のある貨物を大量に輸送するのに向いているが、時間がかかる。航空輸送は、速達性があるものの運賃が高い。とくに小口で多頻度搬送する荷物には、トラックが使われている。

義務づけられているはずの休憩

ある地方の運送会社で働く長距離ドライバーAさんの例を紹介しよう。Aさんは、朝、勤務先に出社し、行き先や積み荷、運行ルートなどの確認を行い、車両点検、就業前点呼、アルコールチェックを済ませたら、トラックに乗り込む。運行指示書に従って地域の農協を回り、順次野菜の積み込み作業を行い、午後には地元を出発する。途中で休憩をとりながら、夜を徹して関東へと車両を走らせる。

二〇一五年に実施された厚労省・国交省の調査によれば、長距離ドライバーの平均的な運転時間は、一運行あたり一〇時間三三分である(厚労省・国交省『トラック輸送状況の実態調査結果』二〇一五年。以下、本章で記す労働時間に関わるデータは、とくに出所表記がない限り、同調査に基づく)。ちなみに北海道(帯広)から東京までは、距離にして約一三〇〇キロメートルあり、トラックで走れば約一八時間の道のりとなる。同様に宮崎県からは一四〇〇キロメートル、一九時間、高知県からは八〇〇キロメートル、九時間ほどを要する。五〇〇キロメートルを超える運行は「長距離」と分類される。

国の基準により、貨物輸送時の連続運転は四時間までと定められている。四時間続けて運転したら、三〇分以上の休憩をとることが義務づけられているのだ。ドライバーたちが「最近は、労働基準がすごくうるさくなった」と言うように、長時間の連続運転を禁じるルールの認知度は高まっている。だがその一方で、「四時間ごとにタイミングよく休憩できる場所があるわけではない」「深夜のパーキングエリアやサービスエリアは、どこも満車状態。休憩したくても、できない」といった設備上の制約から、休憩できないとの声も聞かれる。

今日、長距離ドライバーで四時間を超えて連続運転している割合は三一・七％にのぼる。つまり三人に一人が、休憩時間のルールを守っていない。こうした実態が生まれる主たる理由は、①時間が足りないこと、②運賃が低いことの二つにある。

いつも時間に追われて――許されない遅れ

まず、「時間」についてである。

トラック業界では、延着（荷物の到着が遅れること）は、「絶対に許されないこと」であり、「ドライバーにとってこれほど恥ずかしいことはない」と考えられている。「生鮮品は到着が一日遅れただけで、商品価値は半減しかねない。そんなことになったら賠償もんだ」。そのため「遅れそうになったら、休憩なんてとらずに走り続けるしかない。せいぜいトイレ休憩がとれればいい」という。しかし、交通渋滞や車両事故、道路工事、貨物の積み込みに予想以上の時間がかかるなど、事前の計画通りに運行できないケースは少なくない。

他方、いったん事故が起こると、人的・社会的損害は大きい。そのため、国は安全輸送を徹底させる目的で、規制を強めてきた。二〇〇三年には大型トラックのスピードリミッター(速度抑制装置)の取り付けが義務化され、時速九〇キロメートルを超えて加速することができなくなった。運行記録計(タコグラフ)の装着対象車両も広がり、二〇一七年四月からは、大型トラックのみならず、中型トラック(車両総重量七トン以上または最大積載量四トン以上)にも装着が義務づけられた。加えて企業によっては、より安全な運行を目指すために、また輸送効率を上げるために、GPSを使ってトラックの位置、走行ルート、走行距離、スピードなどを常時監視している。

要するに、ドライバーにとっては、「決してスピードを出すことはできない」し、「絶対に延着は許されない」状況である。そうだとするならば、交通渋滞が発生したり、道路工事で迂回しなければならなかったり、高速道路の出口を間違えてしまったりといったイレギュラーな事態が生じたとき、どうするのか。削れる時間は、自分自身の休憩時間しかない。

深夜の運転は、睡魔との闘いでもある。いくらプロのドライバーといえども、同じ人間である限り、夜間に眠気を感じないはずはない。しかし延着のプレッシャーから、途中で仮眠をとるよりも、少しでも早く目的地に到着し、到着後に仮眠をとるようにしているドライバーが多い。「もし三〇分だけと思って仮眠をとって一時間寝ちゃったら、と思うと恐くて休めないでしょ」と話す。ドライバーたちは、常に時間に追われている。

高速代金を払えない――運賃、経費、賃金の関係

もう一つが、「運賃」である。

実は多くのドライバーが、高速道路を使用しない代わりに、休憩をとらずに走り続けている。高速道路を利用すれば時間が短縮され、休憩をとれるはずである。ところが、現実にはそれが難しい。その理由は、運賃が低い、もしくは高速道路料金が荷主から支払われないといったことにある。

高速道路料金は、貨物を長距離輸送するにあたり、必然的に発生するコストである。しかしながら、高速代金の実費を荷主から収受できずに運行しているケースが現在、全体の二割を超

える。高速代金を運賃とは別に収受しているのは約四割に過ぎない（国交省・全日本トラック協会『トラック運送業における運賃・料金に関する調査結果』二〇一七年）。

多くの運送事業者は、支払われる運送費のなかでやりくりする。運送費が低ければ、高速代金を捻出できず、会社はドライバーに「経費を浮かせるために、下っ走り（高速道路を使わずに一般道を使うこと）をお願いせざるをえない」。しかしより時間のかかる一般道を利用すれば、四時間ごとに取得するはずの休憩時間をとることは、一層厳しくなる。あるドライバーは「ちゃんと休憩をとろうと思えば、全線高速に乗るしかないよ。でもね、今どき、そんな運賃をもらえるわけがない」と言い切る。

ドライバーが、自分自身の休憩時間を削ってでも、高速道路を利用せずに会社の経費削減に協力するのは、彼らの賃金体系とも関係する。トラックドライバーには、歩合給として賃金を受け取る形態が広く普及している。とくに小規模事業者を中心に、運賃から経費（高速代金や燃料費）を差し引いた額の一定割合を歩合として受け取るケースが多い。それゆえ高速料金の有無や原油価格の高騰は、ドライバーの賃金にも響く。こうした賃金体系が、休憩時間を削ってでも一般道を走行するインセンティブとなってきた。

さらに、イレギュラーな事態が生じたときには、事前の運行指示とは異なる区間での高速利用を申請せざるをえないこともあるだろう。ただし、そうした想定外の高速道路の利用は、ドライバーの過失が理由か否かを問わず、「代金はもちろん自腹だ」と話すドライバーもいる。

重くのしかかる荷役の負担

Aさんは、深夜に道路を走り続け、まだ日が昇らないうちに卸売市場に到着する。もし予定時刻よりも早く到着することができれば、車内で仮眠をとりながら待つが、到着がギリギリになれば、長時間運転の疲れをいやす暇なく、すぐに荷卸し作業を始めなければならない。

本来、トラックドライバーの主たる業務は、運転を行い、貨物を運搬することである。しかし、今日ではそれに加えて、荷物の積み卸しや、そのために「待つこと」までもが、仕事の一部となっている。

「とくにね、バラ積みは、ものすごくきついんですよ」という声は、多くの現場から聞こえてくる。「バラ積み」とは、トラックに一つ一つダンボールなどを積載することである。一つ一つ手で抱えて荷物を積み卸す作業は、負荷が大きい。例えば、果物が入った木箱であれば、一箱二〇キログラム近い。たった一人で、こうした荷物を数時間かけて卸すこともある。しかも、これらの荷物には、総額で数十万～数百万円の価格がつく。破損はむろん許されない。

日本物流団体連合会の手荷役(手で積み卸しをすること)調査によれば、一カ所の荷積みや荷卸しに要する時間は、半数以上が一時間以上二時間以内、全体の一割が二〜三時間である(日本物流団体連合会『トラック幹線輸送における手荷役実態アンケート調査報告書』二〇一六年)。

実はこうした手荷役は、現在ではパレットを利用することで機械化できる。すなわち出発時にパレットに荷物を載せ、それをフォークリフトやハンドリフトによってトラックに積み込み、そのまま運搬すれば、到着時には同様に荷卸しができる。これにより、荷役作業の負担が激減することはもちろん、荷役に要する時間も大幅に短縮される。

だが現実には、多くのドライバーが、パレットに積まれた荷物を手荷役でトラックにバラ積みし、それを輸送して、到着時には平積みされた荷物を再び手荷役でパレットに積み直している。なぜパレットによる運搬が広がらないのだろうか。

前出の日本物流団体連合会の調査によれば、「荷主が積載量を多くしたいから」ということが、最大の理由である。パレットを使うと積載効率が下がる。つまり、できるだけ一回の運行で多くの荷物を運び、運賃を節約したいという荷主の意向が、ドライバーたちに過酷な作業を強いている。その他の理由としては、「荷主がパレット等を流出させたくない(パレットが戻されないと困る)」「パレットはあくまでも保管用であり、輸送用には使用されていない」といった意見が並ぶ。これらの回答をみると、パレット自体は、荷物の保管などでごく一般的に使用されている。けれどもそれは、荷役作業の軽減のためには必ずしも用いられていない。

代金が支払われない

しかも、こうした作業は正当に評価され、それに見合った料金が支払われていない。このことも、ドライバーの負担を重くしている要因である。

先の日本物流団体連合会の調査によれば、手荷役にかかる作業費用を五四％の事業者が「収受できていない」と答えている。そして手荷役だけでなく、すべての荷役作業について調べた厚労省・国交省調査によると、三九・五％が「(荷役料金を)収受していない」と回答している。調査対象によって数値に差があるものの、支払われずに行われる荷役作業が、少なくない割合で存在していることは確かである。

通常、運送会社は発荷主と契約を締結し、そこで業務内容と運賃を確定させる。貨物運搬のみの契約が結ばれていても、出発時に荷物を積み込む場や到着後に荷物を卸す場で、発着荷主がドライバーに契約外の荷役作業を依頼したり、慣行としてドライバーがそうした業務を引き受けたりすることが、頻繁に起きている。

例えば、荷物到着時に、着荷主から「二階まで手上げ（手で荷物をもって運搬）するように」と言われる。ドライバーが「（そうした仕事をやるようには）聞いていない」と答えても、「手上げ料金も支払ったはずだ」「他の業者はやってくれるのに」と強弁され、「仕方なく言われるままに、手上げ作業をする」といった具合である。

繰り返しになるが、ドライバーの仕事は、本来、貨物を運搬することにある。しかし貨物搬送の前と後には、必ず荷役作業が発生する。それらは「附帯業務」と呼ばれる。この附帯業務を誰が担うのかが明確にされないままに、多くの物流現場が回っている。様々な調査によれば、荷積みや荷卸しだけでなく、仕分け（運送終了後に貨物を方面別などに分けること）や棚入れ（倉庫内の棚に貨物を入れること）、ラベル貼り（貨物に値札などのラベルを貼ること）、さらには検品、資材・廃材の回収、商品の備え付け、商品の陳列といった業務をドライバーが担うケースさえある。

各現場でドライバーたちは、正式に業務契約されていないにもかかわらず、このような附帯業務の少なくない部分を顧客の求めに応じて柔軟に行っている。そうした運送会社の対応は、荷主にとってみれば、荷物の積み卸しや仕分け作業を担う従業員を雇わずに済み、物流コストの削減に成功したようにみえるかもしれない。しかし、そのコストは、単にドライバーの過重労働に転嫁されただけである。荷主優位の商慣行が蔓延し、その帰結としてトラックの回転率は下がり、安い運賃と運賃に見合わない長い労働時間とが生み出されてきた。

ドライバー自身が、こうした事態を不本意に感じていないわけはない。しかしながら「他社はやってくれている」と言われると引き受けざるをえなかったり、契約を継続してもらうために仕方なく「自主的に」引き受けたり、もはや慣習になっているから、今さら断るわけにいかなかったりといった状況にある。「会社には、ずっと前から見直してくれ、と申し入れているけど、改善される様子がない」「うちはしょせん下請けだから、仕方ないんだ」といった諦めが、ドライバーの間に広がっている。

「運賃」が支払われていない労働に、果たして「賃金」は支払われているのだろうか。ドライバーたちは、一運行ごとに歩合給という形で賃金を受け取るため、その答えは明確には分からない。だが運賃を収受できない労働に賃金を支払えば、その会社は赤字に陥る。そう考えると、そこに賃金が発生しているとは考えにくい。トラック業界の現場では、このように顧客から要請される業務に柔軟に応じるという意味での「サービス労働(無償の労務提供)」が隅々にまで広がっている。

目的地で待たされ続ける

もう一つの「サービス労働」が、「手待ち時間（荷待ち時間）」である。

例えば、A地点からB地点へ荷物を運ぶにあたり、夜二〇時に出発し、深夜三時に現地に到着したとする。朝八時に着荷主に貨物を受け取ってもらうために、ドライバーは荷主の構内に入り、車内でしばしの仮眠をとる。深夜と早朝、港湾や工場団地の周辺に何十台ものトラックが居並ぶ姿は、日本各地でみられる。

ただしこれらのドライバーは、たまたま早く到着してしまったために、そこで待機しているわけではない。たいていの場合、「到着順に荷卸し（もしくは荷積み）できることになっているため、早めに現地に到着して順番待ちをしなければならない」のである。ドライバーは、荷卸し（もしくは荷積み）を予定した時間に済ませなければ、次の仕事に遅れてしまう。延着を避けるには、数時間待機することを運行ルートに組み込まざるをえなくなっている。

こうした「自主的な」待機のみならず、荷主の都合により荷積みや荷卸しを待たされることも、日常的に発生する。積み込むはずの商品ができていないことを理由に待たされたり、荷主が希望する荷物を優先的に荷卸しするために待たされたりする。ようやく回ってきたはずの順番が、荷主の都合によって入れ替わるといった理不尽が起きても、抗議を申し出たい気持ちを飲み込みながら、多くのドライバーは待ち続ける。現場では「運転手は待つのが当たり前」といった認識が広がっている。「待つときは、平気で一〇時間は待たされる」「半日待たされた末に「明日、もう一回来て」と言われたこともある」といったドライバーの声も聞かれる。

なお、待ち時間とはいえ、ドライバーはトラックから離れることができず、完全に自由な時間を過ごせるわけではない。だからこそ国の基準では、荷待ち時間は労働時間とみなされている。この長い待ち時間が、ドライバーたちの長時間労働の一因である。厚労省・国交省調査によれば、「手待ち時間がある運行」は、全体の運行のなかで四六・〇%を占める。長距離ドライバーのケースをみると、一運行における平均の手待ち時間は一時間四五分であり、三時間以上の手待ち時間が発生している割合も一五・一%にのぼる。到着の時間指定がある場合でも、ない場合でも同じ程度の手待ち時間が発生している。ここからは、荷主側の待たせることへの意識の希薄さがうかがわれる。

そして、こうした待機時間もまた、料金として計上されていない。これまで運賃は、主に物量と走行距離によって決められ、いくらドライバーが待機しても、その分は価格に反映されてこなかった。トラック業界の運賃には、実態として時間的要素が存在せず、待機時間の金銭換算の相場も形成されていない。

「基準がことごとく守られていない」——ドライバーの一日

さて、話をAさんが働く現場に戻そう。地方から野菜を運んできたAさんは、首都圏に到着後、たいてい数カ所の市場を回り、荷卸し作業を複数回こなす。すべての荷卸しを終えて、ようやく業務終了となる。朝四時や五時から始まるセリ(競売)までにすべての荷卸しを終えることは、至極当然のことと考えられているが、最後の荷卸しがセリの開始時刻ギリギリになることも少なくない。

前日の朝、会社に出勤してから、すべての業務が終了するまでの時間、すなわち運転している時間、荷役の時間、手待ち時間、休憩時間などを合計した時間は「拘束時間」と呼ばれる。国はトラックドライバーの拘束時間について基準を定めており、原則として一日一三時間、最大で一六時間である。一六時間を超えてはならないはずだが、長距離ドライバーの一運行の平均拘束時間は一六時間四三分と、すでに平均で基準を超えている。一六時間を超えた運行を行っている割合は、長距離ドライバーでは四三・一%に達する。

むろん北海道や九州から東京までトラックで走るだけでも、一六時間以内に収まらない。国の基準を守りながら、遠隔地の野菜を東京に運ぶには、二人運行体制を組み、順番に休憩をしながら運転する必要がある。しかし、ドライバーからは「ツーマン運行はストレスが高い」「プライバシーが保てないからできればやりたくない」との不満が強い。それに加えて、「そもそも二人分の運賃を収受することなんて、できるわけがない」。

中継輸送を行えば、一人あたりの拘束時間は短くて済む。例えば宮崎から東京まで野菜を運ぶとしても、宮崎から福岡、福岡から関西、関西から東京という具合に、中継地で他の運転者と業務を交替するのである。とくに大手企業では、そうした中継輸送がすでに実施されている。しかし、規模の小さい企業では、それを行うためには異なる事業者と連携しなければならない。そうすれば、宮崎から東京までの運賃は三社で分けることになる。現状の運賃水準では、各社の採算がまったく合わなくなる。このような状況ゆえに、長距離ドライバーの拘束時間は、基準を超えた状態が続いてきた。

Aさんは、一運行を終えたら、ようやく休息期間に入ることができる。休息期間とは、ドライバーが、仕事から完全に解放され、自由に使える時間を意味する。ドライバーたちは、朝日が昇る頃に、トラックステーションなどに車両を移動させ、フロントガラスにカーテンを引き、車内に設置されている簡易ベッドで仮眠をとる。

ドライバーには、継続して八時間以上の休息を取得することが、国の基準により義務づけられている。拘束時間と休息期間は表裏一体であり、一日二四時間のうち、拘束時間が一六時間以内に収められていることが、八時間以上の休息期間を確保することにつながる。そのため拘束時間が遵守されなければ、休息期間の遵守も難しい。実際に八時間未満しか休息期間をとれていないと回答する長距離ドライバーは、三一・五％も存在する。

要するに、長距離ドライバーの労働現場では、連続運転時間も、拘束時間も、休息期間も、国の基準がことごとく守られていない。このことについて現場の労働者たちは、「国の法律は分かっているし、守りたいと思っているんですよ。だけどね、今の商慣行だと、どうしても守れない」と話す。ドライバーたちが、自身の休憩時間や休息期間を削り、長時間働くことによって、現状のような高速代金の節約、荷役作業の未払い、安い運賃が実現されている。

その一方で、ドライバー自身が、労働時間の短縮よりも収入の増加を重視する傾向があり、それが長時間労働を存続させてきたという認識も、トラック業界には根強くある。確かに、長距離ドライバーの五八・六％は「収入が増えるなら、本当はもっと働きたい」と考えており、国の基準を超えて働きたい（運転したい）との声は決して小さくない（全日本トラック協会「長距離輸送の実態と労働時間規制の在り方についての提言――改善基準告示等をめぐる諸問題」二〇一五年）。労働組合も、労働時間の短縮は、なかなか組合員の支持を得られないと話す。「労働時間が短くなれば、賃金が減ってしまう」という反発が大きいためだ。長時間労働問題は低賃金問題でもある。

運輸産業の企業の労組がつくる運輸労連(全日本運輸産業労働組合連合会)は、二〇一六年の定期大会で、現行の拘束時間(年三五一六時間)を三三〇〇時間に短縮する目標を方針に掲げた。しかし、この方針を組織内で合意するまでに約一〇年を要したという。「二一六時間も削減できるわけがない」「給料が下がるじゃないか」といった声が、加盟労組から次々に上がった。トラック業界では従来、使用者側のみならず、労働組合側でも、ドライバー自身が労働時間の短縮を強く求めていないとの見方が強かった。そうした認識は、トラック業界に蔓延する長時間労働を労使ともに黙認する背景となってきた。

しかしながら、先の長距離ドライバーに関する調査によれば、「収入が増えたとしても、これ以上は働きたくない」という回答も三七・九％にのぼる。一章でみた通り、ヤマト運輸の現場では長時間労働が従業員の不満の種となっていた。確かにトラック業界には収入を優先する労働者が、多数存在している。けれども、時間短縮を重視する労働者も少なくない割合を占めている。ドライバーたちの意識は、決して一枚岩ではない。労使ともにそうした多様性を把握するのが遅れ、ドライバーの認識を一元的に捉えてきたことが、トラック業界の長時間労働対策を滞らせ、深刻な人手不足を招いた可能性がある。

さて、再びAさんに話を戻そう。荷卸しを終えて一定の休息期間を取得したら、今度は帰りの輸送準備に取りかかる時間となる。出発する前には、勤め先の会社から電話口で点呼を受け、車両点検をし、帰り荷を積み込むために指定された場所へと車を向かわせる。帰りは、都心から地方へと荷物を運ぶ。Aさんは、自動車部品の物流倉庫へ行き、そこで品番をチェックしながら、荷積みを行う。数カ所の倉庫を回り、すべての荷物を積み終えたら、地元に向かって再び道路を走り続ける。

なお、運送会社と荷主との契約では、行きに運ぶ荷物は保証されても、帰りに運ぶ荷物まで保証されるわけではない。関東への一極集中という日本社会の構造は、運送会社が帰り荷を確保することを難しくしてきた。帰り荷のない輸送は、その分、行き荷の単価を上げなければ割に合わない。だが、それを運賃に反映させることが難しい。帰り荷が容易に見つからないなか、運送各社は「空気を運ぶよりはましだ」と考え、非常に安い運賃でも仕事を引き受けがちになる。そうした仕事の奪い合いが、トラック業界の運賃低下を加速させてきた。

Aさんは、再び夜間走行を続け、翌朝、地元の自動車メーカーに到着する。複数の倉庫を回り、荷物を搬入していく。その後、会社に戻って事務報告を行い、ようやく自宅に帰ることができた。長距離ドライバーたちは、一度トラックに乗れば、極めて長時間にわたり働き続け、数日間は自宅に戻れない。「家に帰れないことが、一番つらい」と話すドライバーが少なくない。

こうした労働によって、私たちは、都心で暮らしながら、地方で生産された野菜を鮮度の高い状態で日々購入できる。だが私たちは、スーパーで野菜を手に取るとき、商品の生産地を確認したり、パッケージに映る生産者の写真をみて、農家に思いを馳せたりすることはあっても、それを運搬してきたドライバーの姿を思い浮かべることは、まずない。物流は、経済活動の黒子だと言われる。物流が介在しない経済活動はありえないが、その存在はみえにくく、意識にのぼりにくい。

2　ドライバーを取り囲む法制度の「抜け穴」

長時間労働の全体像

厚労省は、二〇一六年に『過労死等防止対策白書』を発刊した。この白書で明らかにされたある事実が、運輸業界に衝撃を与えた。

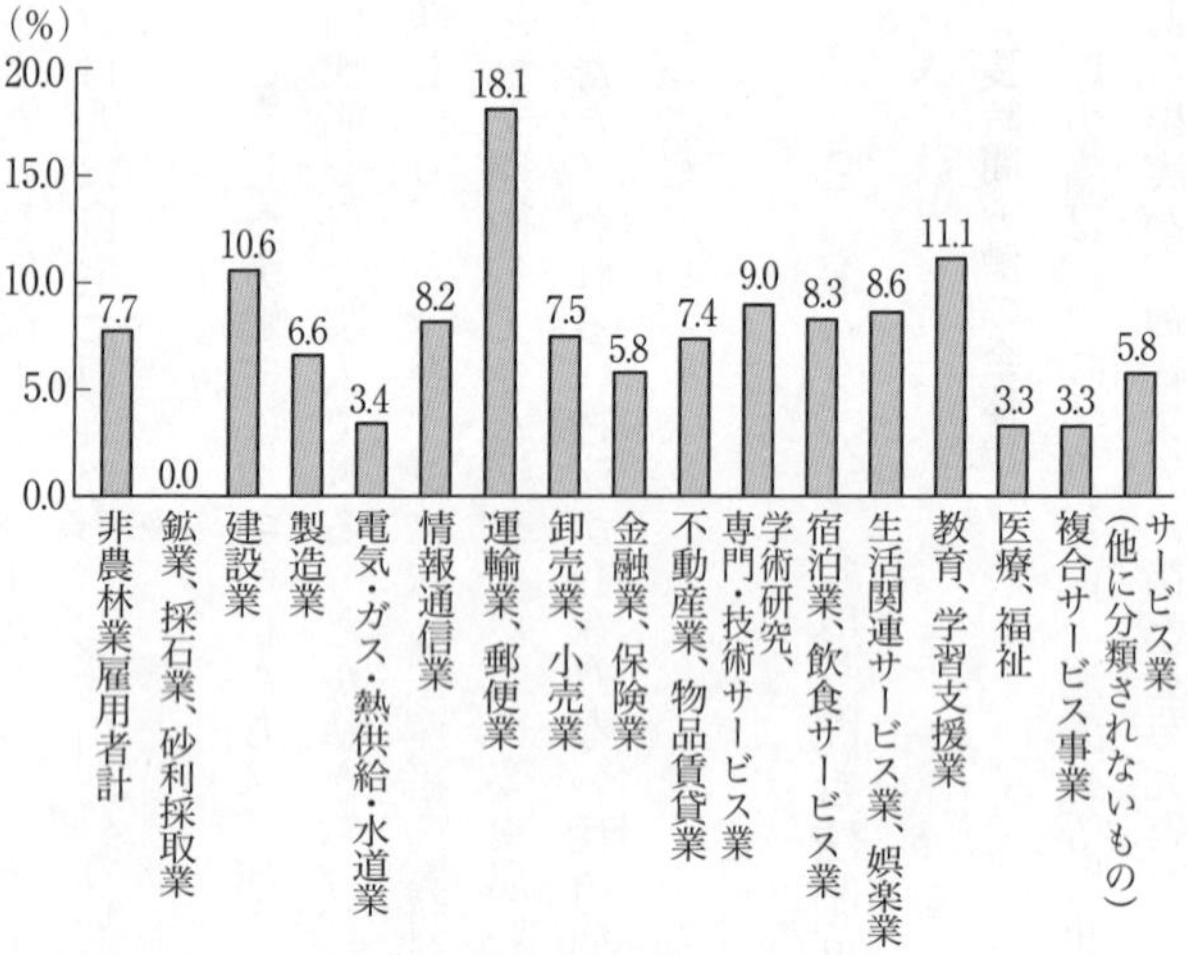

出所：厚労省『過労死等防止対策白書』2017年版.

図2-1　月末1週間の就業時間が60時間以上の雇用者の割合（業種別）

白書によれば、業種別の「脳・心臓疾患の労災請求件数」と「同認定件数」では、運輸業・郵便業が他の業種を大きく引き離して最も多い。脳・心臓疾患を患い労災認定される件数は、日本全体で年間約三〇〇件にのぼるが、そのうち三分の一が「自動車運転従事者」である。

こうした労災申請および認定の件数の多さは、自動車運転従事者の高齢化が一因であるが、何よりも労働時間の長さと深く関係していると白書は論じる。二〇一七年版によれば、月末一週間の就業時間が六〇時間以上の雇用者の割合は、運輸業・郵便業が一八・一%と突出して高い（図2-1）。その他いくつかの統計データに基づいて労働時間を比較してみても、総じて産業別では運輸業・郵便業、職種別では輸送・機械運転従事者の労働時間が最も長い。運輸業界で働くドライバーたちは、日本中のいかなる産業、いかなる職業よりも、ひときわ長く働いている。そして、働き過ぎにより、極めて多くの人命が奪われている。

まずドライバーの労働時間がどれほどであるのかを確認しておこう。二〇一六年の総務省『労働力調査』の「道路貨物運送業」のなかで、「運送・機械運転従事者」として働く労働者はトラックドライバーと仮定できるが、その労働時間は表2-1のようになる。それによれば、全産業の一五〜六四歳男性の平均と比較すると、ドライバーたちは一週間で約一〇時間、一カ月で約四〇時間、年間で約四六〇時間長く働いている。つまり、一週間あたり、平均よりも約一日も多く働いている。平均的な労働のあり方が週休二日であるならば、ドライバーは週休一日ということになる。

もっとも労働時間は、統計によって正確に把握することが極めて難しい。統計数値に表れない「サービス残業」を行っている労働者もい

表2-1　道路貨物運送業の運送・機械運転従事者（男性，15-64歳）

	トラックドライバー	全産業平均
週間就業時間	54	45
月間就業時間	225	186
年間就業時間	2695	2233

出所：総務省『労働力調査』2016年．

表 2-2　月あたりの所定内実労働時間と超過実労働時間(企業規模 10 人以上，男性)

	全産業平均	営業用大型貨物自動車運転者	営業用普通・小型貨物自動車運転者
所定内実労働時間数	165	178	175
超過実労働時間数	16	39	32

出所：厚労省『賃金構造基本統計調査』2016 年.
注：この統計において，大型および普通・小型の運転者は，男性労働者の数値しか掲載されていない．そのため本書では，この統計に基づき賃金および労働時間については，男性のみを分析対象とする．

れば、裁量労働制が適用されている労働者もいるし、労働時間を捕捉しにくい管理職の労働者もいる。労働時間は、職業、産業、性別、雇用形態で大きく異なり、単なる平均値では掴めないことに留意しなければならない。

労働時間は、始業から終業までの「所定内労働時間」と、それ以外のいわゆる残業にあたる「所定外労働時間」とに分けられる。ドライバーの労働時間は、所定内も所定外も全産業平均と比べて長い(表2－2)。そして大型トラックのドライバー(営業用大型貨物自動車運転者。以下「大型」と略す)の方が、普通・小型トラックのドライバー(営業用普通・小型貨物自動車運転者。以下「普通・小型」と略す)よりも、所定内も所定外も長い傾向にある。

日本社会は、一九八〇年代後半から今日まで、平均でみると総実労働時間を短縮させてきた。とくに一九八七年に労基法が改正され、週休二日制が段階的に導入された影響が大きい。そうした社会全体の動きと並行して、ドライバーの所定内労働時間もまた、縮小傾向をみせてきた。しかしながら、両者の間に存在する格差は、ほとんど変化していない。ドライバーの一カ月の所定労働時間は、平均よりも概ね一〇〜一五時間長く、所定外労働時間は二〜三倍も長いまま推移してきた。つまり一般の労働者に比べ、ドライバーは一貫して長時間労働を余儀なくされてきた。

国が定めた労働時間基準

国は、そうした状況を是正しようと取り組んできた。一九六〇年代、労働省(現・厚労省)は自動車運転者の労働時間問題の解決に本格的に乗り出している。この時期、問題とされたのは、長時間労働による交通事故の増加だった。

交通事故の発生には、自動車台数の激増、道路整備の立ち遅れ、自動車技術の未熟さなど、種々の要因が考えられる。それらに加えて、自動車運転者に「疲労をもたらし、注意力・判断力を鈍らせ」る労働条件が、主因の一つとされた。

労働省は、自動車運転者の労働実態を「他のどの産業よりも、労働時間が長」く、「一般産業の時間短縮のすう勢から、かなりおくれをとってい」るとみなし、運輸産業の職場では労基

資料 2-1　改善基準告示が定める主な労働時間規制の内容

- 1カ月の拘束時間(始業から終業までの労働時間と休憩時間の合計)は，原則293時間とする．ただし，労使協定を締結した場合には，1年のうち6カ月までは，1年間の拘束時間が3516時間(月293時間×12カ月)を超えない範囲内において，1カ月の拘束時間を320時間まで延長することを可能とする．
- 1日の拘束時間は，原則13時間までとする．ただし特別の事情により拘束時間を最大16時間まで延長することを可能とする．1日の拘束時間が15時間を超える回数は，1週間2回までとする．
- 休息期間は，原則8時間以上連続したものとする．
- 運転時間は，2日を平均し1日あたり9時間，2週間を平均し1週間あたり44時間を超えないものとする．連続運転は，4時間以内であり，運転開始後，4時間以内または4時間経過直後に1回10分以上で，合計30分以上の休憩をとる．

法上の労働時間や割増賃金などの違反率が、全産業平均を大きく上回る状況にあり、「旧態依然のルーズな労務管理が行なわれ、「少なくとも労働基準法は守る」という基本的態勢すら未確立である企業が」多いと特徴づけている(労働省労働基準局監督課・賃金部編著『自動車運転者労務改善基準の解説』一九六七年)。つまり今日と同じ状況は、すでに一九六〇年代から指摘されていた。

労働省労働基準局長は、一九六七年二月九日、「交通事故防止を図る」ために労働条件を改善させようと「自動車運転者の労働時間等の改善基準」と呼ばれる通達を出す。それまで自動車運転者には、他の産業の労働者と同じ労基法上の労働時間規制が適用されていた。一九六七年以後は、労基法に加えて、この通達に基づく行政指導の対象となった。その後、通達は一九七九年に改正され、一九八九年には行政機関の内部だけでなく国民一般に知らせる「告示」へと変わった。さらに幾度かの見直しを経て、現在の「改善基準告示」(正式名称「自動車運転者の労働時間等の改善のための基準」)になった。資料2-1が、その主な内容である。前節で繰り返し登場した「国の基準」とはこれを指す。

ドライバーの特殊性

ドライバーに対して一般労働者と別の労働時間の基準が適用された理由は、その労働の特殊性にある。

例えば運転手については、交通事故を引き起こさないために、連続して運転する時間を規制する必要があるが、とくにトラック運転手は、運転時間以外の荷役時間、手待ち時間、休憩時間、休息期間の区分が難しい。そのために、労働時間管理がルーズになりやすい。そこで改善基準告示では、「拘束時間」という概念を導入し、労働時間ではなく拘束時間を規制した。そして労務管理上、曖昧になりがちな荷物の積み卸し時間や、作業場での荷卸しの順番待ち時間、事業所内での待ち時間などを労働時間としてカウントするという解釈を示した。

この改善基準告示には、一般労働者の労働時間規制を上回る部分と、下回る部分とがある。まず前者について述べると、現行の改善基準告示では、連続する八時間以上の休息期間が明記されている。繰り返しになるが、休息期間とは、勤務と次の勤務との間にあって、睡眠や社会的・文化的な生活のためなど、労働者のまったく自由な判断にゆだねられる時間を指す。

この休息期間の規定は、ＩＬＯ（国際労働機関）の条約に準じたものである。ＩＬＯは、一九七九年に「路面運送における労働時間及び休息期間に関する条約（一五三号）」を採択し、一九八三年に発効した。日本は同条約を未批准であるが、改善基準告示はこの影響を強く受けている。一五三号条約の八条一項には、休息期間を一〇時間以上にするとある。また、二項で各国ごとの平均的な休息期間を考慮するが、いかなる場合においても八時間を下回ってはならないと書かれている。ドライバーを対象とする改善基準告示の休息期間は、この二項に基づき、一日八時間以上と定められた。

勤務の終了時刻から、次の勤務の開始時刻までに、一定の休息期間を確保するルールは、インターバル制度と呼ばれる。近年、複数の企業が導入を始めた。政府も、インターバル制度の導入を努力義務として法制化しようとしている。つまり、運輸業では、国際労働基準に先導されて、一早く先進的なルールが設けられてきた。

規制される労働時間基準の扱い

他方で、この改善基準告示が、今日では長時間労働の要因にもなっている。日本の一般労働者の標準労働時間は、一日八時間、週四〇時間である。使用者が、それ以上に従業員を就労させる場合には、労基法三六条にしたがい、三六協定を締結しなければならない。それはトラック業界とて同じである。

三六協定を締結すると、いわゆる残業が認められる。残業時間は、厚生労働大臣の「限度基準告示(もしくは限度時間告示)」によって上限が定められている。それは月四五時間(一年単位の変形労働時間制の場合は四二時間)、年三六〇時間(同三二〇時間)である。その基準を超えて働かせる場合には、さらに「特別条項」を協定しなければならない(特別な事情がある場合は月八〇時間、年七五〇時間が半年間認められる)。告示は法的強制力を有さないが、一定程度の実効性を保ってきた。

限度基準告示には、五条に「適用除外」という項目が設けられている。そこでは、建設、自動車運転、新技術・新商品の研究開発などの業務が、適用を受けないことが明記されている。自動車運転者が適用除外されたのは、先にみた改善基準告示の「指導基準の水準に到達させることが先決」だと考えられたためであった。

改善基準告示の労働時間の上限と、一般労働者に適用される限度基準告示との間には、大きな差が存在する。そのことが自動車運転者の長時間労働を合法的に容認することにつながった。

仮に一般の労働者が、限度基準告示の水準(月四五時間の所定外労働)で三六協定を締結したとする。一カ月二一日働く場合、一日あたりの所定外労働時間は平均で約二時間である。八時間の所定内労働と合わせると、一日一〇時間労働となる。

それに対し、ドライバーの一日の拘束時間は原則一三時間、最大一六時間である。拘束時間には休憩時間も含むため、その時間のすべてが労働時間ではない。けれども、一般の労働者より一日三時間、最大で六時間長く仕事に拘束することができる。改善基準告示の拘束時間で働くと仮定すれば、月一二七時間(月二一日勤務の場合)、年一一七〇時間(年二六〇日勤務の場合)の残業が可能となる。それは一般労働者の限度基準(月四五時間、年三六〇時間)と比べて、月あたり二・八倍、年あたりでは三・二五倍も長い。

そしてこの基準の違いが、現実の三六協定にそのまま反映されている。まず自動車運転者に限定せずに、三六協定を締結している全事業所をみると、その約七割は三六協定の所定外労働時間を月四五時間、年三六〇時間としている(厚労省『労働時間等総合実態調査』二〇一三年)。つ

表 2-3 「自動車運転者」の 36 協定の締結状況（単位：%）

1 カ月の所定外労働時間について

	42 時間以下（1 年変形） 45 時間以下（上記以外）	45時間以内	60時間以内	61-80時間	81-100時間	100時間超
1 年変形	5.1	2.6	6.4	20.5	35.9	29.5
それ以外	13.8	-	3.4	32.8	31.0	19.0

1 年間の所定外労働時間について

	400 時間以内	600 時間以内	800 時間以内	1000 時間以内	1000 時間超
1 年変形	7.5	5.0	10.0	25.0	52.5
それ以外	14.8	8.0	14.0	23.0	41.0

出所：運輸労連『賃金・労働条件報告書　総括集計一覧』2016 年.

まり多くの職場が、国が示す限度基準告示の水準で三六協定を締結している。特別条項付きの三六協定を締結している事業所も約四割存在し、そこでの延長時間は、月六〇時間超八〇時間以内が六七・一％、年六〇〇時間超八〇〇時間以内が五五・六％である。

次に、運輸労連に加盟する労働組合の三六協定をみると、月あたりの所定外労働時間を八一～一〇〇時間としているところが三五・九％と最も多く、年間では一〇〇〇時間超が五二・五％となっている（表2-3）。つまり一般の労働者よりも長い所定外労働時間が、協定として締結されている。この調査によれば、一部の労組は改善基準告示を超える三六協定を締結している。さらに、ドライバーの働かせ方に引きずられるかのように、同じ職場の事務職などの労働時間も長い傾向にある。

厚労省が定めるいわゆる過労死の認定基準は、月八〇時間以上の時間外労働を二〜六カ月にわたって続けることと、月一〇〇時間を超える時間外労働を一カ月行うことである。運輸労連傘下の労組では、月八〇時間以上の三六協定が全体の六五％にのぼり、月一〇〇時間超の三六協定も二九・五％を占める（一年変形労働時間のケース）。こうした長時間労働が、言わば合法的に認められてきた。この労使協定のもとでは、過労死が突出して多くなるのも必然と言えよう。

若干説明を付加すると、ドライバーの間には、「変形労働時間制」が普及している。運輸労連に加盟する労組の職場でも、七五・八％が一年単位の変形労働時間制を採用している。つまり、繁忙期と閑散期で労働時間が著しく異なる事業所では、一定の単位期間ごとに所定内労働時間を決め、その枠内で柔軟に働くことが認められてきた。忙しい時期に長く働く分、その他の時期に労働時間を短くすることで、所定内労働時間を規定内に収めればよい、ということである。そこでの年間の所定内労働時間は、二〇〇〇時間以上二〇八五時間以内が七割にのぼる。

要するに、トラック業界では、労組によって組織された職場（それは相対的に恵まれた職場だと思われる）であっても、一般労働者よりもかなり長く働くことを容認する三六協定が締結されている。三六協定で締結される労働時間は、一般労働者もトラックドライバーもほとんどが、国が定める上限値と同一である。限度基準告示と改善基準告示の上限値の相違が、三六協定で締結される労働時間の長さに違いをもたらしてきた。

労働基準とは、国の最低限の基準を示すものだ。もしある職業について労働の特殊性を理由に別の基準を設定する必要があるのならば、最低基準を上回ったうえで、その特殊性に合致した内容とすべきだろう。しかし、長時間労働が蔓延しているトラック業界には、実態に見合ったルールを制定するという趣旨から、最低基準を下回る基準が与えられてきた。そのことがこの業界の長時間労働を固定化させた一因である。確かに、ヤマト運輸のケースのように、労使協定に違反した労働実態が存在していることも事実である。だがそれ以前に、守るべき労働時間の基準自体が、一般の労働者よりも低位に置かれたことが、トラック業界の長時間労働と過労死を生み出してきた。

強行法規ではないこと

加えて、トラック業界の長時間労働をめぐる制度的な問題が、もう一つある。それは改善基準告示が、法的拘束力を持たない「告示」にとどまっているために、この基準さえも十分に遵守されていないことである。

運輸業の労基法違反率の高さは、一九六〇年代の文書においても指摘されているが、それは今日でも確認できる。厚労省によれば、労基署が労基法違反として監督指導する件数は、製造業に次いで運輸交通業が多い(二〇一七年四月から二〇一八年三月までの監督指導結果による)。製造業と運輸交通業では、事業所数が大幅に異なることを考慮すると、運輸交通業の違反率の高さが明らかになる。なかでも、労働時間に関する違反行為が最も多い。つまり運輸業界では、今日でも法令に反しながら長時間働かせる実態が、他産業よりも色濃く存在する。例えば長距離ドライバーの労働現場で、休憩時間、休息期間、拘束時間のいずれについても告示が守られていないことは、すでにみた通りである。

労働組合によれば、改善基準告示で定められる拘束時間(年三五一六時間)でダイヤを組み、運行指示書を作成する事業者も少なからず存在する。しかしトラック輸送は、天候や渋滞、予期せぬ手待ち時間の発生などによって、ダイヤ通りにいかないことが珍しくない。にもかかわらず、運行指示書で労働時間管理を済ませられ、それを超えた分の労働時間がカウントされないままに、日々運転を続けるドライバーたちがいる。

そうした運行ダイヤや労務管理は、改善基準告示が法的拘束力を持たないことが一因だと考えられる。労働組合は、強行規定でないため遵守が厳格化されないと訴え、長年にわたって改善基準告示の法制化を求めてきた。だが、未だ実現される見通しはたっていない。国交省は、監査や違反した事業者に対する行政処分を行っているが、その体制も十分とは言い難い。

国による「選別」と「差別」

こうしたなかで、長時間労働の改善に向けて期待が寄せられたのが、いわゆる「働き方改革」である。二〇一六年九月、政府は「働き方改革実現会議」を安倍晋三首相の私的諮問機関として設置した。そして翌年三月、経団連(日本経済団体連合会)と連合(日本労働組合総連合会)は、労基法を改正し、罰則付きの時間外労働の上限規制を導入することに合意した。これまで一般労働者に適用されてきた三六協定の上限基準もまた「告示」に過ぎなかったため、それを強行法規として定めることが、労使間で合意されたのである(資料2‐2)。

時間外労働に上限規制を設けることは、労働組合にとっては積年の課題だった。ゆえに、この労使合意を画期的だと評価する声が上がった。その一方で、その水準がいわゆる過労死ラインである「月一〇〇時間」となっていることや、年七二〇時間と定められた上限規制に「休日労働」が含まれていないために、休日労働を含むと年九六〇時間まで働かされる制度設計になっていることなどが批判を浴びた。

しかしこの時間外労働の上限規制が、必ずしもすべての労働者に等しく適用されるわけでは

資料 2-2　時間外労働の上限規制に関する労使合意

時間外労働の上限規制は，月 45 時間以内，年 360 時間以内とする．ただし，一時的な業務量の増加がやむを得ない特定の場合の上限については

①年間の時間外労働は月平均 60 時間(年 720 時間)以内とする

②休日労働を含んで，2 カ月ないし 6 カ月平均は 80 時間(※)以内とする

③休日労働を含んで，単月は 100 時間を基準値とする

④月 45 時間を超える時間外労働は年半分を超えないこととする

以上を労働基準法に明記する．これらの上限規制は，罰則付きで実効性を担保する．さらに，現行省令で定める 36 協定の必須記載事項として，月 45 時間を超えて時間外労働した者に対する健康・福祉確保措置内容を追加するとともに，特別条項付き 36 協定を締結する際の様式等を定める指針に時間外労働の削減に向けた労使の自主的な努力規定を盛り込む．

※ 2 カ月ないし 6 カ月平均 80 時間以内とは，2 カ月，3 カ月，4 カ月，5 カ月，6 カ月のいずれにおいても月平均 80 時間を超えないことを意味する．

ないことは、あまり知られていない。

自動車の運転業務については、十分な猶予期間を設定する必要があるとの観点から、改正労基法が施行された五年後に上限規制を適用することになった。しかも、「将来的には一般則の適用を目指す」としながらも段階的に実施しなければならないとされ、五年後に適用される内容として年九六〇時間（月平均八〇時間以内）という基準が別に定められた。言い換えると、自動車運転者については、一般労働者よりも年二四〇時間も長い上限が容認された。なお自動車の運転業務と同様に、施行に猶予期間を設ける措置がとられたのは、限度基準の適用除外にされて

きた建設業などと、長時間労働が深刻な問題となっている医師であった。

「働き方改革実現会議」の議事録によれば、当初より、経営側からは「業種業態、職種の特性に応じた上限時間を設定」してほしいといった要望が出されていた。なかでも「現在、時間外労働の制限に関する大臣告示の適用除外とされている、建設業、自動車運転業」については、「さまざまな角度から慎重な検討が必要」であり、「仮に適用除外を本格的に見直すものであれば、周知だけでなく、人手不足のなかで業務として調整できる十分な時間的猶予が必要である」との見解が述べられた。これらの職業に上限規制を適用するかどうかは、会議の終盤まで議論が続けられた。結局、上限規制を適用することにはなったものの、猶予期間に加えて別の基準が設定された。

業界団体からの働きかけもあった。トラック事業者によって組織される業界団体、全日本トラック協会（全ト協）は、「働き方改革」に向けた動きを受けて、国交大臣に要望書を出した。「時間外労働の上限規制の導入については、方向性としては賛成」としながらも、その実現には、「荷主に対する指導の徹底」や「取引環境の改善」が必要であると、国に対して支援を求めた。同時に、上限規制の実施にあたっては猶予期間を設け、段階的な適用となるよう要請した。

「働き方改革」の労使合意が発表された後、政府はトラック、バス、タクシーといった自動車の運転業務については、上限規制の導入以前に、「長時間労働を是正するための環境を整備するための関連制度の見直しや支援措置に関する行動計画を策定、実施する」必要があるとして、関係省庁の連絡会議を開催した。その会合には、国交省のほか、警察庁、厚労省、経産省など省庁を横断して関係者が集まった。二〇一八年現在、自動車運送事業の「働き方改革」の行動計画が議論されている。

自動車運転者を対象とする月平均八〇時間以内(年九六〇時間)という上限規制は、現行の改善基準告示よりも厳しい。しかし、これは、いわゆる過労死の認定基準と等しい。そもそもトラック業界は、長年にわたって一般労働者と異なる基準が与えられ、それにより長時間労働が蔓延してきた。職場において、その実態を理由に、再び一般労働者と異なる基準を付与することに、労働組合は怒りが収まらない。インタビューで、ある労組幹部は次のように話した。

今までも、俺たちの給料は低いし、労働時間は長いし。社会のなかで、そういう格差があることは、十分に認識してきましたよ。それでもね、俺たちはこの仕事が好きだし、俺たちが身を切ることで、日本経済に貢献しているんだっていうプライドを持っていたわけです。格差があっても、歯を食いしばって頑張れば、いつか格差は縮まるんじゃないか、他産業に追いつけるんじゃないかっていう思いを抱えてきました。
　でもね、今回、一般則が年七二〇時間なのに、ドライバーだけ年九六〇時間にするって聞いたときにはね、これはもう格差じゃない、俺たちは、国から選別されて、差別されたんだって、強く思ったわけです。仲間がこんなに過労死しているのに、それを分かっていながらも、国は「お前たちだけは、死ぬまで働け」って言ってるんだなって。他産業との格差をいかに是正しようと思っても、それ以前に、法律でこんな差別をされたら、格差は固定化していくばかりじゃねぇかって。そんなこと、そりゃ許せないですよ。

　運輸労連は、国交省と厚労省に対して、トラックドライバーにも一般労働者と同じ規制をかけるよう要請を出し、署名活動を行った。二〇一七年一二月までに、一八一万人分の署名が集まった。こうした運動は彼らにとって、単なる労働時間の短縮のためのものではない。他の労働者と等しく扱われたいという、人間としての尊厳を守るための闘いでもある。

第3章　悩む物流
――なぜこんなに安く荷物が届くのか

1　激化する業界競争

トラック業界を襲った規制緩和

安い運賃、支払われない高速代金、強いられる附帯業務、長い手待ち時間。トラック業界の労働現場でいくつも積み重なる理不尽な実態をみると、運送会社と荷主が公平で対等な関係にあるとは、とても思えない。なぜ運送会社は、そうした状況を改善することができないのだろうか。なぜ運送会社は、荷主に対して交渉力を持ちえないのだろうか。

その主な理由は、トラック業界の特性や構造にある。

この業界の事業者数は、一九九〇年を境に急激に増加した（図3-1）。きっかけは、一九八九年に制定され、一九九〇年に施行された二つの法律にあった。それは「貨物自動車運送事業法」と「貨物運送取扱事業法」であり、あわせて「物流二法」と呼ばれる。

一九九〇年までのトラック業界は、輸送秩序を守るという国の政策のもと、需給調整規制がかけられ、行政による全国および地域均一の許可運賃制度が存在していた。また、トラック事

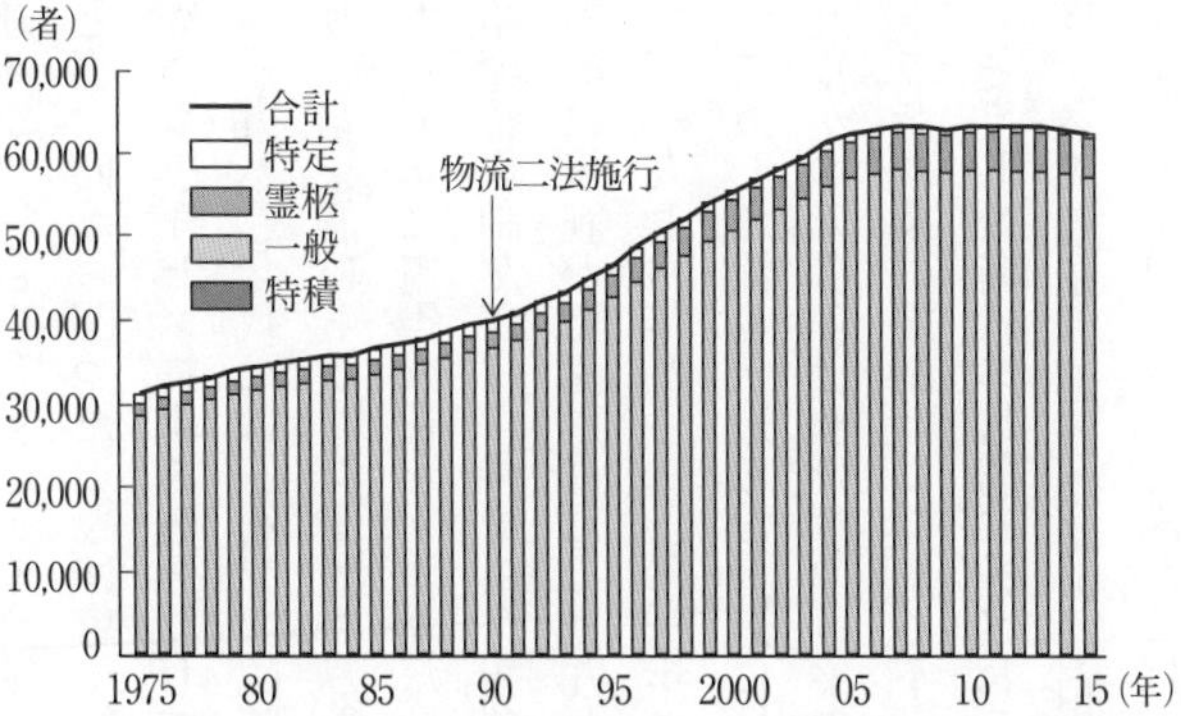

注:「特積」は特別積み合わせ貨物運送を行う事業,「一般」は「特積」以外の運送事業を指し,これら2つにより一般貨物自動車運送事業は構成される.詳細は127頁参照.「霊柩」は,霊柩運送事業であり,これも法制上は貨物自動車運送事業に区分される.「特定」は特定貨物自動車運送事業であり,特定の荷主の貨物を運送する事業を指す.

出所:国交省自動車局貨物課『貨物自動車運送事業者数の推移』各年版.

図 3-1　貨物自動車運送事業者数の推移

業に参入するには、免許の取得が必要であり、認可される事業は、「路線トラック」と呼ばれる地域間の路線に従って混載輸送(複数の荷主の商品を混ぜた輸送)する事業と、「区域トラック」と呼ばれる地域内の輸送および当該地域を発着する輸送を行う事業の二種類に分けられていた。運送事業者の数、運賃の基準額、事業の範囲、営業区域に規制が設けられ、その下でトラック業界は成長してきた。

だが高速道路が整備され、国内貨物の輸送量が増加していくとともに、そうした規制のもとでは対応できない物流ニーズが生まれた。規制の弊害が目につき、その廃止を求める声が高まっていく。例えばヤマト運輸が、独自の運賃設定や全国ネットワークの構築のために、規制の見直しを求めて行政当局と真っ向から闘ったことは広く知られている。確かに各種の規制が、新規需要の掘り起こしや新たなサービス提供を難しくしていた面があった。

一九八〇年代には、第二次臨時行政調査会をはじめ様々な場で、規制緩和の議論が盛んになり、結果的にトラック業界のみならず、いくつもの産業で規制が緩和されていった。例えば一九八五年に電電公社が、一九八七年には国鉄が民営化された。従来、トラック業界と同様に需給調整規制がかけられていた空運業でも、一九八六年に競争促進政策へと方針が転換され、段階的に規制が撤廃された。一九九〇年代には、ガソリンスタンド、酒類販売、電力、都市ガスで、一九九六年から二〇〇一年にかけては金融で、規制緩和が進んだ。

こうした流れが進んだ背景には、外圧もあった。例えば貿易不均衡の是正を目的に、一九八九年から九〇年にかけて、日米構造協議が五回開催されている。このなかで米国は、「日本のトラック業の規制」に対する不満をはっきりと述べ、規制緩和を促した。

そうした時代の趨勢に押されるように、一九九〇年に物流二法が施行された。その主な中身は、参入規制と運賃規制の緩和である。事業参入は免許制から許可制に変わり、一定の条件(車両台数や車庫など)を満たせば、営業が許可されることになった。運賃・料金は認可制から事前届出制に変更され、不適正な運賃についてのみ変更命令が発出される制度になった。その他、路線トラックと区域トラックの事業区分が廃止され、すべてのトラックで混載が認められた。保有車両の増車や減車も、認可制から事前届出制に変わった。

さらに二〇〇三年、小泉純一郎政権のもとで一層の緩和が進んだ。バブル経済が崩壊した後、経済を活性化させるには財政出動だけでは不十分だとの見方が強まり、さらなる規制緩和が求められたためである。トラック業界では営業区域の制限が廃止され、すべての事業者が全国で営業することが可能となった。運賃は事前届出制から事後届出制に変わり、運賃の設定や変更がより容易になった。

規制緩和への不安と期待

一連の規制緩和に対し、業界団体の全ト協は反対してきた。全ト協は、一九八八年七月、組織内で「規制緩和絶対反対」を決議し、免許制・運賃認可制の維持を掲げ、一年にわたって運動を展開した。しかし運輸省(現・国交省)は、規制が緩和された後も「運輸省の運用で激しい競争は妨げるので安心してほしい」と説得して回った。最終的に、全ト協は押し切られた。

他方、企業のなかには、規制緩和を歓迎する声もあった。その代表例が、ヤマト運輸である。

当時の新聞報道によれば、ヤマト運輸の幹部は「今後は消費者重視のサービスが展開しやすくなる」「自由競争こそサービス向上につながる」と肯定的な評価を下した。それにとどまらず、「本当に自由化するのか」「(行政による)過度な運用は避けてほしい」などと運輸省に釘を刺した。

一部の労組(例えば交運労協)は規制緩和に反対声明を発表したが、他からは表立った反対の声は上がらなかった。むしろ労組内部には、規制緩和により市場が活性化し、労働条件が良くなるとの期待さえあった。

そうした肯定的な空気は当時のデータからも、うかがわれる。日通総合研究所は、トラック運賃の見通しを長年調査している。それによると、物流二法が議論されていた時期、運賃の見通しは「値上がりする」との見方が半数近くを占めていた(日通総合研究所『企業物流短期動向調査結果の概要』一九九〇年三月)。今後、運賃が「値下がりする」という回答はゼロで、「やや値下がりする」も数%にとどまった。

当時、規制緩和をしてもさほど大きな変化は生じないという予測が多かった理由は、主に二つある。一つは、一九九〇年がバブル経済の絶頂期であり、人手不足が深刻だったことである。陸運各社は、現在と同様に人手確保が難しく、採算は必ずしも良くなかった。そのため参入規制が緩和されても、新規事業者はさほど増えないという見方が強かった。むしろ競争が起き、淘汰が進むことで、事業者数が減少するとの意見もあった。

もう一つは、従来の免許制という需給調整機能が、実際にどこまで働いていたのかが疑問視されていたためである。日米構造協議で米国側が運輸分野の規制緩和を求めた際、日本側は「新規参入を認めない例は、現実にはほとんどない」と述べている。それまでも、安全対策などに問題がない限り、申請を却下することはなかったという意味であり、運輸省は免許制から許可制に変更しても、現行の運用に法制度を近づけるに過ぎないとみていた。

同様に運賃についても、規制は形骸化していると考えられていた。それまで「公示運賃」が設定されてきたものの、実際にはそれを割り引いた「実勢運賃」が市場には出回っていたからである。「新規参入が急増し、運賃ダンピングが起こると心配する人もいるが、今でも競争は激しく、さらにきびしくなるとは思えない」(当時の運輸省大臣官房審議官の発言。『日本経済流通新聞』一九九〇年一月一一日)といった見解が示され、規制緩和後も現行の実勢運賃に落ち着くだけだとの声が支配的であった。

要するに、物流二法の施行は、トラック業界の実状に法制度を合わせるに過ぎず、事業への影響は小さいとみられていた。

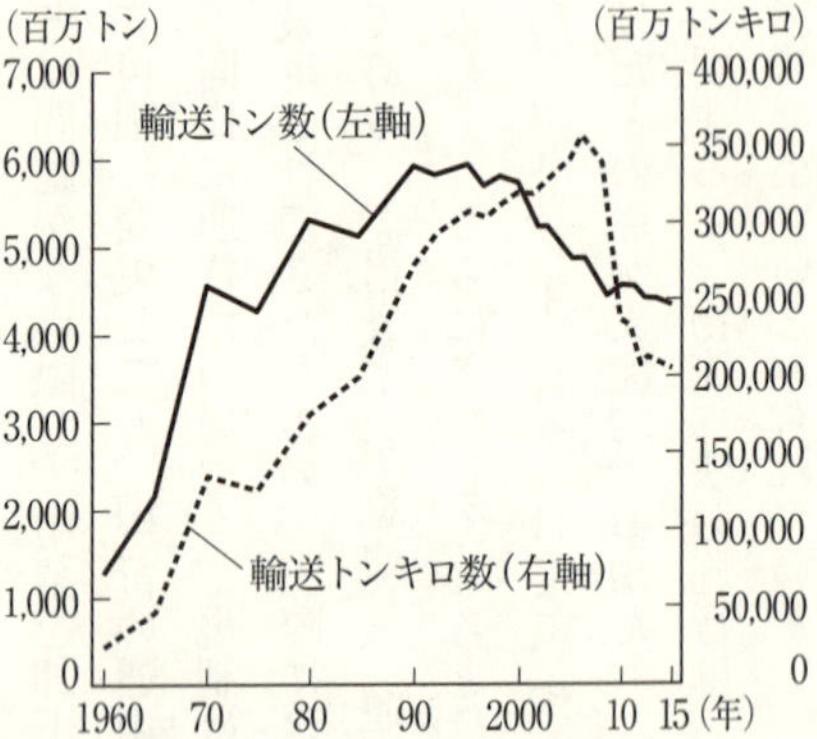

出所：国交省『自動車輸送統計年報』各年版.

図 3-2　輸送トン数および輸送トンキロ数の推移

事業者数の急増とバブルの崩壊

しかし現実は、そうではなかった。

まず、事業者数が大幅に増大した。一九九一年以降、それ以前の三〜四倍の事業者が、毎年市場に参入してくるようになった。二〇一〇年頃からは退出事業者数も急速に増加していくとはいえ、トラック運送事業者数は、一九九〇年に四万七二社だったのが、二〇〇七年には六万三一二二社まで増えた（図3-1）。二〇〇八年から減少に転じたものの、その後はほぼ横ばいで推移している。

つまり事業者数は、物流二法施行後の約一五年間で一・五倍に増加し、その水準のまま現在に至る。

加えて、物流二法が施行された数年後に、バブルが崩壊した。国内の貨物輸送量は、一九九一年をピークに、その後若干の上下はあるものの、逓減傾向を示すようになる。

図3-2は、国内貨物の輸送トン数および輸送トンキロ数（トン数×キロ数）の推移である。一九九〇年の輸送トン数を基準にすると、二〇〇七年に約八割、二〇一五年には約七割まで落ち込んでいる。もはや市場は拡大しなくなったにもかかわらず、事業者数が急増した。その結果、トラック業界は、一気に供給過多の状態へと陥った。

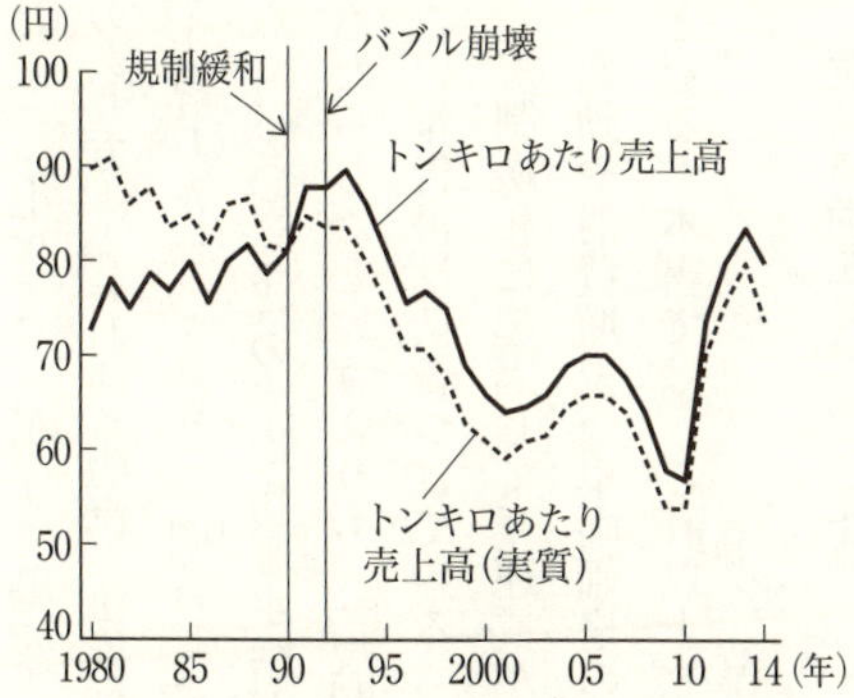

注：トンキロあたり売上高(実質)は各年の消費者物価指数(1990年＝100)を加味した額.
出所：国交省「運賃・料金に関する問題の構造について」トラック運送業の適正運賃・料金検討会，第2回資料.

図3-3　輸送量(トンキロ)あたり売上高の推移

こうした状況が、運賃の低下を生み出すことは、必然である。輸送量（トンキロ）あたり売上高（実質）は、一九九〇年に八一円だったが、バブル崩壊からしばらく経つと下降し始め、二〇〇一年には五九円まで下がった（図3-3）。ただ近年は、価格の上昇傾向がみられる。

国交省は、二〇〇三年に物流二法施行後の検証を行った。それによると、規制緩和後に運賃・料金の水準が「相当程度低下した」事業者は三四・二%、「やや低下した」

は三一・七％と、「低下」したと回答する事業者が全体の六割を超えた（国交省『貨物自動車運送のあり方――いわゆる物流二法施行後の事業のあり方の検証』二〇〇三年）。「やや上昇した」（二・五％）、「上昇した」（〇・二％）と回答した事業者数を大きく上回る。規制緩和時点（一九九〇年）と調査時点（二〇〇三年）の平均物価水準がほぼ同じことから、バブル崩壊後の景気低迷が運賃の低下をもたらしたというよりも、「規制緩和による競争促進の効果が運賃低下という形で表れた」と、この報告書は結論づけている。

規制緩和に起因して、運賃が実質的にどれほど下がったのか。この点については、燃料価格の変動や消費増税、車両価格の上昇、環境規制の強化などを踏まえた、より正確な測定が必要となる。本書では、これ以上立ち入らない。

強まる荷主の価格決定権

規制緩和により、運賃の決定方法は制度的なものから市場的なものへと変化した。そして、新規参入の増加に伴う供給過剰ともいえる市場状況のなかで、荷主の価格決定権が著しく強化される結果になった。

国交省・全ト協の調査によると、今日、トラック業界の運賃の決定方法は、「荷主企業が提示した運賃をベースに協議して決めている」ケースが五四・四％であり、半数を超えている。「営業所（自社）が提示した運賃タリフをベースに協議して決めている」ケースは二七・一％に過ぎず、三分の一にも届かない（国交省・全ト協『トラック輸送の実態に関する調査 調査報告書』二〇一一年）。つまり、荷主による「言い値」が運賃を左右する状況にある。

しかもバブル崩壊以降、荷主は物流コストの削減を強く求めるようになった。先の調査によれば、「運送原価を無視した仕事の受注がある」と回答する事業者は五割弱にのぼる。これらの事業者は、「取引先との関係維持を図るためにやむを得ないから」（七八・八％、複数回答）、「一部の運行が赤字でも、全体として黒字になればいいから」（四四・九％、同）といった理由から、そうした仕事も引き受けた。燃料代や高速代、人件費といった原価が保証されないほどの低運賃の輸送さえ引き受ける業者が生まれ、低価格に向かう競争が進んでいった。

ちなみに、先の国交省による物流二法施行後の検証では、規制緩和後の運賃について、荷主の意見も聞いている。「現状（二〇〇三年時点）の運賃・料金の水準に対して満足している」と答えた荷主は三九％（満足している七％、やや満足している三二％）であり、「満足していない」荷主（不満である五％、やや不満である二二％）を上回った。そして規制緩和後に「運賃・料金の水準が良くなっている」とした荷主は五四％を占め、「悪くなった」（八％）を大きく超えた。

ジャスト・イン・タイム

日本の産業構造の変化もまた、運賃を引き下げる方向に作用した。図3-2によれば、トン数は減少しても、トンキロ数は一九九〇~二〇〇〇年代半ばまでは減っていない。この理由はいったい何だろうか。

一つには、この期間に高速道路の整備が進んだことなどで、以前は傷みやすかった荷物を傷めずに運べるようになり、多くの商品が出荷範囲を拡張させたことである。

もう一つ、産業構造の変容も関係している。一九七〇~八〇年代にかけて、日本経済の主力は、重厚長大産業から、軽薄短小産業へと移っていった。このことは、運送会社が運ぶ荷物の中身を大きく変えた。つまり、少品種の大口貨物を大量に一斉に運ぶ輸送モデルから、多品種の小口貨物を多頻度で運ぶ輸送モデルへと変わっていった。重いものから軽いものへ、大口から小口へという変化は、運賃を低下させる方向に働いた。

そして三つ目の理由として、物流管理における変化の影響が挙げられる。同じ時期に企業は、在庫を極力減らし、回転率を高めるようになっていった。製造業では、トヨタの「カンバン」方式や「ジャスト・イン・タイム」に代表されるように、必要なときに、必要な物を、必要な量だけ部品調達する生産システムが普及した。それにより、生産コストの引き下げに成功していく。また、スーパーなどの小売店では、POSシステム（販売時点情報管理システム）が採用され、レジで購入データを採取して常時在庫を確認し、自動で発注するシステム（EOS）が生まれた。とくにコンビニでは「単品管理（単品単位で売上や在庫を管理する手法）」を取り入れ、発注精度を引き上げていくことで、消費者のニーズに対応していった。これらの結果、多くの業界で、部品や商品の調達が細密化された。

「空気」を運ぶ非効率――減る物量、増える運送距離

以上のような緻密な商品調達に応えたのが、トラック業界だった。運送会社は、できるだけ細やかに、多頻度の小口化した輸送を行うことを追求するようになる。それにより、荷物は軽量化・小口化し、配送頻度が増した。こうした変化は、全体の物量（トン数）が減っていくなかで、運送距離（キロ数）を伸ばした。

運送会社からすれば、少量の荷物のために頻繁にトラックを走らせることは、輸送効率を引き下げることになる。それは積載率の変化からもみて取れる。トラック輸送の積載率は、一九九〇年の四九・三％から、二〇一五年には三六・三％まで低下している（国交省『自動車輸送統計

年報』各年版。積載率は、輸送トンキロ÷能力トンキロで求めた)。つまり、日本社会が、緻密な商品調達を実現させていくなかで、皮肉なことに、多くのトラックは「空気」を運ぶ割合を増やしていった。

もし荷主企業と運送会社が対等な関係にあれば、輸送効率が悪化しても、そのコストを運賃に反映させることが可能だったかもしれない。だが、規制緩和後の供給過多の市場のなかでは、いかに効率の悪い輸送であっても、安い運賃で業務を請け負う事業者が絶えず存在してきた。その結果、トラック業界の運賃は上がらないままに、効率性が下がっていった。

ジャスト・イン・タイムや単品管理は、いわゆる「日本的経営」を形づくる一要素である。それらは、日本企業の強みとして世界的な賞賛を受けてきた。だがそうした効率的な生産システムや商品管理の裏側で、トラック業界は一手に非効率を引き受けてきた。私たちの社会は、無駄に車両を走らせる物流を基礎に、便利で効率的な仕事や暮らしを獲得していった。

トラック業界も、非効率を減らすために努力してきた。例えば、複数の荷主と契約を結び、多様な荷主の様々な荷物を一台のトラックに載せる混載輸送を進めた。規制緩和により、すべての車両で混載輸送が認められるようになっていた。混載輸送は、確かに輸送効率を高める重要な方法の一つである。

だが、複数の荷主の異なる荷物を積んで走ることは、様々な場所で荷積みを行い、別々の場所で荷卸しをすることを意味する。ドライバーにとっては、回らなければならない地点が多くなり、一層時間がかかる。こうした輸送ロットの小口化に伴う混載が、現在、ドライバーの拘束時間を短縮できない一つの理由となっている。また混載輸送は、商品の誤配送のリスクを高める。形状や硬度が異なる商品の積み合わせは、荷物の破損といった問題も生じやすい。運転手にとっては、より神経を使う輸送方法である。

何層にもわたる下請け構造

前述の通り、物流二法施行後の一五年間、事業者数は一・五倍に増えた。しかし、ドライバーの数は、八二万三六九二人（一九九〇年）から、八八万二二五八人（二〇〇七年）と一・〇七倍にしか増加していない（国交省『陸運統計要覧』各年版の「トラック事業従業員の推移」）。つまり総供給量は、事業者数ほどには拡大しなかった。それは、事業者数が増え続けていったこの期間、運送会社は零細化していったことを意味する。このことは、運送事業者の荷主に対する交渉力を弱める方向に働いた。

規制緩和後、一般トラック運送会社のうち、保有する車両が一〇両以下である小規模事業者

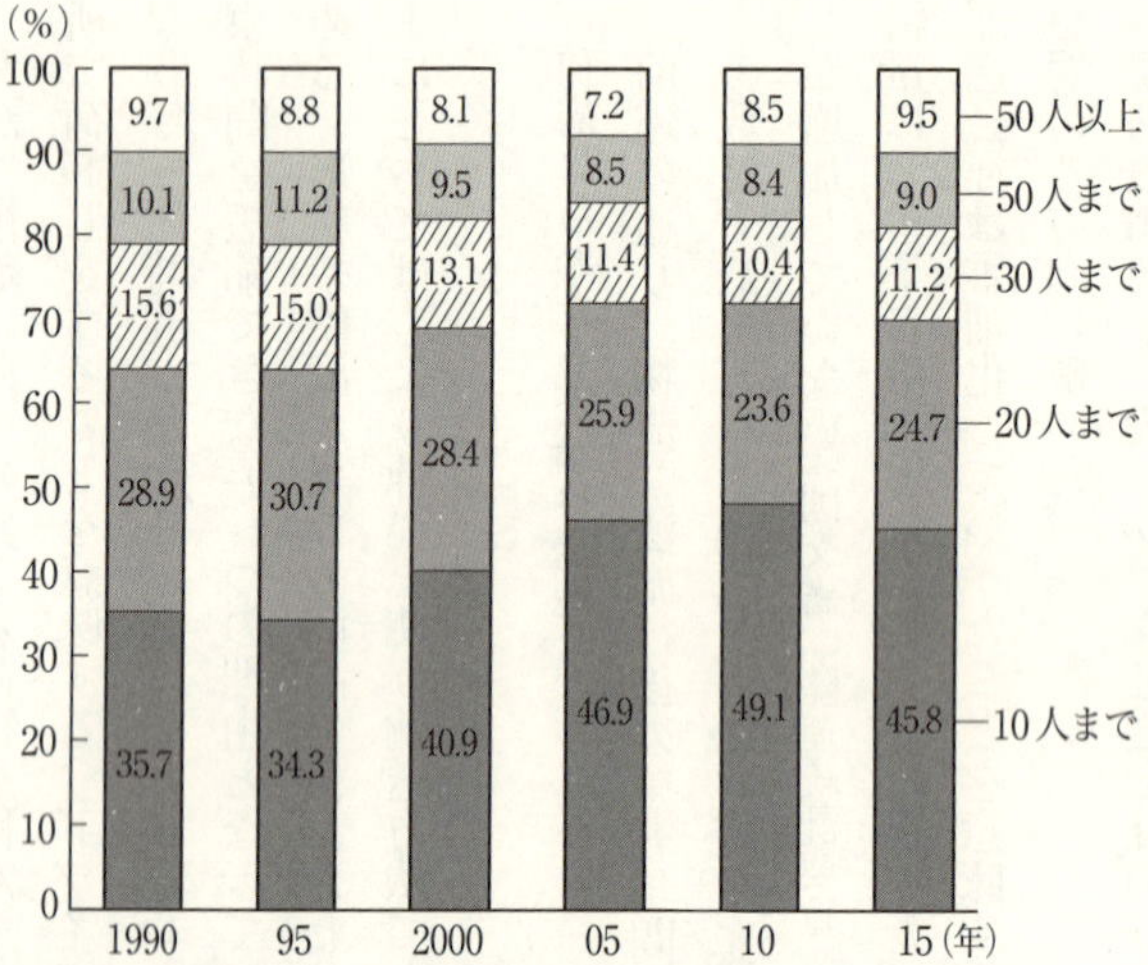

注：一般トラックのみの数値であり，特積みトラックは除く．
出所：日本物流団体連合会『数字でみる物流』各年版．

図 3-4　従業員規模別の事業者構成比の推移

が増えた。車両規模別の事業者割合をみると、車両台数が一〇両以下の事業者は、一九九〇年の四二・八％から、二〇〇五年に五三・一％、二〇一〇年には五六・四％となっている。

営業許可の条件として定められている最低車両保有台数は、一九九〇年当初は、地域ごとに五〜一五台だった。しかし規制緩和により、二〇〇三年に全国一律五台になったことも関係していると考えられる。

同様に、従業員規模別の事業者割合をみると、従業員一〇人以下の事業者が、一九九〇年の三五・七％から、二〇一〇年には四九・一％になった(図3-4)。

今日、トラック業界は、従業員数が五〇人以下の事業者が全体の九〇・九％を占める。

こうした零細性が強い産業特性は、多層的な下請け構造を生み出してきた。国交省の調査によれば、「実運送の売上高が一番高い輸送品目」について、「主な運送委託者」が「真荷主」であると回答した運送事業者の割合は五三・〇％にとどまる（国交省・全ト協『トラック運送業における運賃・料金に関する調査結果』二〇一七年）。つまり、半数近くの運送事業者は、自社の売上高が最も高い品目でさえ、荷主から直接受託したのではなく、他の運送事業者や物流企業から委託されている。

そもそも運送業では、貨物量の変動が大きいことを理由に、古くから「下請け」や「傭車《ようしゃ》」が存在していた。季節、月、週、日毎に荷物量が異なるなかで、すべての荷物を漏れずに輸送するには、下請けへの委託をバッファーとして組み込み、柔軟性を担保せざるをえないと考えられてきた。しかも単なる下請けにとどまらず、孫請け、曽孫請けといった多層的な取引関係が、長い年月のなかで定着し、固定化した。

運送事業者は、必ずしも全国に輸送ルートを持っているわけではない。そのため自社が営業所を持っていない地域の輸送にも下請け業者を活用してきた。

こうした下請け取引が、中小零細企業の事業を安定させてきた側面もある。小規模な企業は、営業担当者を独自に雇用することが難しく、新規受注の開拓は容易ではない。市場が縮小していくなかで、小規模事業者が営業力のある元請け企業から委託される運送業務に徹することで、経営の安定性を確保してきたといえる。

また近年では、物流業務はより高度化している。企業が物流部門を丸ごと外注するケースも目立つ。大手物流会社が、保管から在庫管理、情報システムの構築などをセットで請け負うなか、実運送業務を小規模な企業に委託する流れもある。物流業界では、大手企業が新サービスを考案し、より付加価値の高い業務に特化する一方で、中小の運送会社が実運送の業務を請け負うといった機能的な分業体制が築かれてきた。

実勢運賃の下落と杜撰な労務管理

しかし、こうした下請け構造は、労働現場に様々な歪みをもたらしてきた。

まず、実勢運賃を引き下げる方向に向かわせた。荷主から仕事を請け負った元請け業者は、その運送を下請け業者に依頼する際、たいていマージンを差し引いた運賃で発注する。一次下請けから二次下請け、二次下請けから三次下請けと多段階に取り引きされればされるほど、抜き取られる手数料が増えていく。最終的に実運送を担う業者が受け取る運賃は、大きく下落してしまう。

国交省の調査によれば、下請けで運送する事業者の五割強が、「元請けトラック事業者が仲介手数料を取りすぎている」と回答している。そして四割強は、「荷主等から不利益を被る恐れがあり、運賃・料金の引き上げ交渉ができない」と述べる(国交省『トラック運送業における下請等中小企業の取引条件の改善に関する調査』二〇一六年二月)。

また下請け業者に、附帯作業費を支払っていない事業者が約六割、高速道路料金を支払っていない事業者が約四割存在する。支払わない理由は、「元請けより収受していないから」との答えが六割程度を占める。元請けと荷主との取引関係において、これらの料金支払いについて十分な交渉が行われず、不当に低い運賃や高速料金が未払いの形で業務が引き受けられ、そこからマージンを取り、下請けに発注している様子がうかがわれる。

実運送にあたる下請け業者は、荷主と運賃交渉をしたくても、そもそも荷主とは取引関係になく、交渉のルートさえ持っていない。元請け企業に対して、附帯業務費や高速料金について交渉することは容易でない。実際、元請け業者の約二割が、それらの料金について「下請けから交渉されていない」と回答している。下請け業者が、こうした運賃の範囲でやりくりするために、設備投資を抑制し人件費を削減して対応していることを、この調査は明らかにしている。

表3-1　これらの行為をされたことがあると回答した事業者の割合

	(%)
荷主都合による荷待ち待機をさせられたが，費用の支払いがない	83.6
燃料高騰分の費用を収受できていない	78.9
運送契約の書面化ができていない	74.3
適正運賃・料金の収受ができていない	70.5
検品や商品の仕分け等の附帯作業をさせられたが，費用の支払いがない	58.5
無理な到着時間の設定	45.2
高速道路利用を前提とした時間指定がされているが，高速道路料金の支払いがない	43.3
原価を考慮せずに一方的に運賃を決定された	26.7
契約後に運送費を値引されたり，契約にない付加的な運送を強いられた	13.7
運送費の支払遅延	11.4
取引相手や関係会社の物品の購入強制	9.8
理不尽な損害賠償の負担	9.5
無理な要求を断った事による取引停止	5.7

出所：国交省『トラック運送業における下請等中小企業の取引条件の改善に関する調査』2016年2月．

　このような多層下請け構造は、運賃だけでなく業務内容や業務指示においても問題を引き起こしがちである。荷主と実運送を担うドライバーとの間に、複数の企業が介在すれば、受注業務の内容は曖昧になりやすい。例えば荷物を運ぶドライバーが、発着の現場で、附帯業務をどこまで担うのかという点で、ドライバーと荷主との間に認識の齟齬が生まれやすくなる（表3－1）。

　加えて、中小零細企業の比率が高いことは、労務管理上の問題も引き起こしやすい。言うまでもなく、中小零細企業であっても、適正な労務管理を行っている事業者は数多く存在する。大企業で杜撰な労務管理が摘発される例も後を絶たない。

だが、トラック業界で労働基準の遵守が徹底されていないことと、この業界が多くの小規模の事業者によって占められていることとは、決して無関係ではない。例えば、始業終業時に対面点呼を行い、日報を確認し、ドライバーに指示を出す、休憩時間や休息期間を確認しながら運行管理をする、従業員に健康診断を法令に従って受けさせる、といった労務管理上の業務を滞りなく遂行するには、ある程度の規模が必要となる。社内にドライバーと社長の他に、運行管理者や庶務を担う従業員が複数いるかどうかは、安心して働く環境をつくるための大切な要素である。

それゆえ労働組合のなかには、最低車両保有台数の引き上げを要求しているところがある。だが現状では、必ずしもすべての事業者が最低車両保有台数である五台の車両を保有していない。五台という最低保有台数は、事業の許可を受ける際の義務にすぎない。その後、事情により保有台数が減った場合にも、「減車」の届け出さえすれば、事業を継続することができる。実際、五台を割る事業者が多数存在していることが指摘されている。

2　賃金の低下と成果主義の強化

平均よりも二、三割低い収入

規制緩和後の運賃低下は、もちろんこうした過当競争の結果、発生したものばかりではない。例えば、複数の荷主の貨物を積み合わせた運送が可能となり、輸送効率は上がった。営業区域規制が廃止されたことで、規模を拡大させ、スケールメリットを活かして生産性を向上させた企業もある。そうした経営努力が、より安い運賃を作り出したことも事実である。

しかしながら、物流論の専門家の分析によると、規制緩和後の運賃低下で生産性の高まりに起因するものは、ごく一部の大規模事業者に限られる。全体としてみれば、トラック事業者は、自らの利益を削り、従業員の給与を引き下げることで、低下する運賃に対応していった（例えば、水谷淳「道路貨物輸送産業における規制緩和効果の要因分析」『日本物流学会誌』一六号、二〇〇八年）。

実際に運賃が下がった一九九〇年代、トラックドライバーの賃金も上昇しなくなり、下落した。大型トラックドライバーの場合、一九九〇年代後半から下降が始まり、賃金水準が高かった一九九二年の賃金を一とすると、二〇〇〇年に〇・九四となり、リーマン・ショック後の二〇〇九年には〇・八一にまで下がった。同じ時期に男性平均の年収も緩やかに下降し、高卒男性のそれも二〇〇〇年代に低下した。だがドライバーの下落率は、それらを上回った（図3-5）。

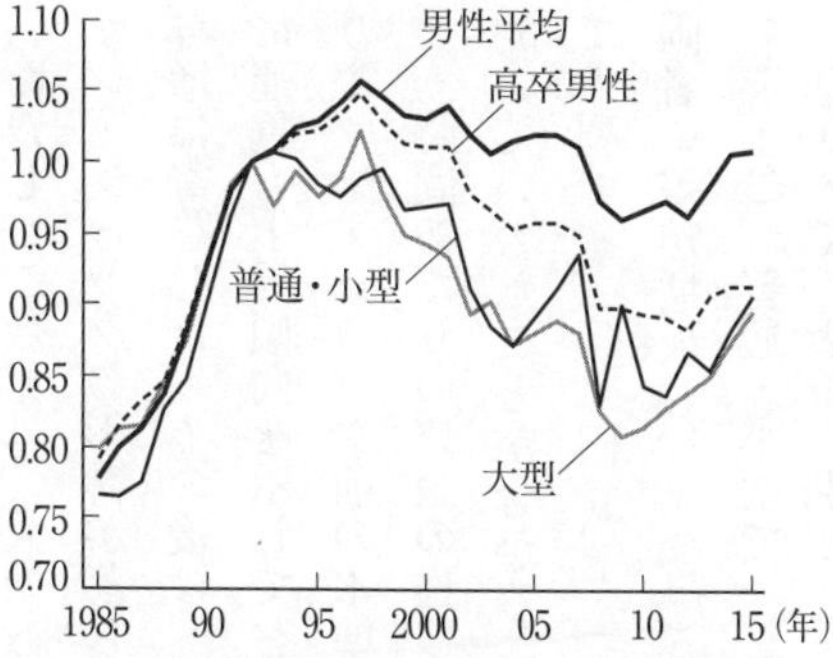

注：年収は,「決まって支給する現金給与額」×12＋「年間賞与その他特別給与額」で求めた.
出所：厚労省『賃金構造基本統計調査』各年版.

図 3-5　年収水準の推移(1992 年＝1)

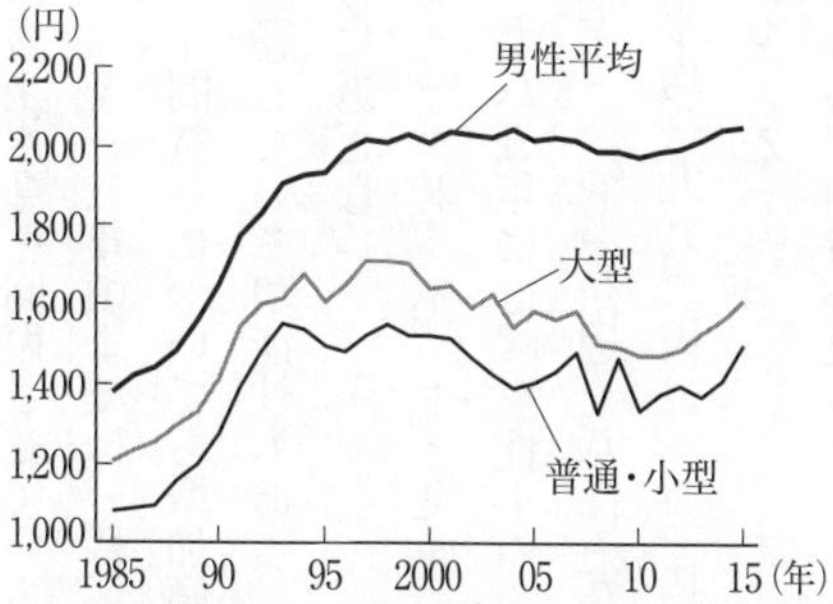

注：時間あたり賃金は,「決まって支給する現金給与額」を「所定内労働時間＋超過労働時間」で割って求めた.
出所：厚労省『賃金構造基本統計調査』各年版.

図 3-6　時間あたり賃金額

ただしここ数年は、大型も普通・小型も賃金水準を回復させている。大型については、リーマン・ショックの影響が落ち着いた二〇一一〜一三年頃までは、残業時間が回復したことが給与増に寄与した。その後は、所定内給与や年間賞与についても増加傾向が確認できる。同時期に運賃も上昇傾向を示しており、それが影響している可能性もある。ただし今日の賃金水準も、リーマン・ショック前の水準に戻っただけに過ぎない。

一時間あたりの賃金の推移をみると、トラックドライバーと全産業の男性平均との差は年々開いていったことが分かる(図3-6)。一九八五年には、男性平均一三七七円(一〇〇)に対して大型で一二〇二円(八七・三)、普通・小型で一〇七六円(七八・一)だったが、二〇〇〇年代に両者の差が拡大し、二〇〇八年には男性平均一九九二円(一〇〇)に対して大型で一五〇六円(七五・六)、普通・小型で一三二九円(六六・七)となった。

二〇一六年現在、男性トラックドライバーの平均賃金は表3-2と表3-3の通りである。全産業の男性平均とトラックドライバーの年収を比べると、男性平均一〇〇に対して、大型で八一・七、普通・小型で七三・五である。すでにみた通り、この水準は近年の上昇を反映したものであるが、それでも男性平均よりも二〜三割収入が低い。また、残業代などを含む月給(決まって支給する現金給与額)でみると、平均賃金に近づくものの、残業代を含まない月給(所定内

表 3-2　トラックドライバーの賃金額(円)

	所定内給与額	決まって支給する現金給与額	年間収入
営業用大型貨物自動車運転者	28 万 1200	34 万 9800	449 万 200
営業用普通・小型貨物自動車運転者	25 万 9400	31 万 1600	403 万 6800

表 3-3　全産業の男性平均とトラックドライバーの賃金水準との比較(男性平均＝100)

	所定内給与額	決まって支給する現金給与額	年間収入
営業用大型貨物自動車運転者	83.9	94.3	81.7
営業用普通・小型貨物自動車運転者	77.4	84.0	73.5

注：年間収入は,「決まって支給する現金給与額」×12＋「年間賞与その他特別給与額」とした.

出所：厚労省『賃金構造基本統計調査』2016 年.

給与)では平均の八割ほどである。これはドライバーが長時間労働をこなすことで、はじめて平均に近い収入を獲得していることを物語っている。

ちなみに、歩合給であっても、残業代は支払わなければならない。労基法三七条は、時間外労働や深夜勤務をさせた場合には、「通常の労働時間の賃金」に二五％増し以上(月六〇時間を超える時間労働に対しては五〇％増し以上)、休日労働は三五％増し以上の賃金を支払うことを義務づけている。この規定は、歩合給や出来高給で働く労働者にも適用される。

難しいのは、歩合給などにおける「通常の労働時間の賃金」の算定方法である。

それは、ある月の歩合給額を、その月の総労働時間で割ったもの(一時間あたりの賃金額)とされる。その賃金額に割増率をかけた割増賃金を、その月の法定外の労働時間分支払うことになる。

ただし使用者側にしてみれば、自分たちの目の届かないところで働く従業員の働きぶりを管理することは難しい。そのため「時間」ではなく「成果(歩合)」で給与を支払っている。にもかかわらず、残業代では「時間」的要素を加味しなければならない。割増額の算定方法は複雑であり、制度の理解がどれほど普及しているかも疑問が残る。実際に、トラックドライバーやタクシードライバーでは、時間外労働の支払い方について、複数の訴訟が起きている。

法定外労働に対する割増賃金の支払いを定めた労基法三七条の趣旨は、長時間労働の抑制にある。その趣旨に則り、適正に賃金が支払われるべきであることは言うまでもない。しかし、労働形態に適した残業規制のあり方を検討することも必要だと思われる。

歩合給と長時間労働

トラックドライバーの賃金は、水準が下がってきただけでなく、内実についても変化が生じてきた。

賃金の内実をより詳細に明らかにするため、ここでは全ト協と運輸労連の調査に基づいて考察する（用いるデータは、全ト協『トラック運送事業の賃金実態』各年版、運輸労連『賃金労働条件実態報告書』各年版）。なお運輸労連調査は、傘下の労働組合を対象とするものであるため、業界全体の実状を反映しているとは言い難い。その意味で、全ト協調査の方が、全体状況を把握するのに適しているが、同調査は二〇一二年を最後に実施されておらず、近年の状況が分からないという限界がある。

そもそもトラックドライバーの賃金の特徴は、毎月変動する給与（変動給）の比率が高く、固定給の割合が低いことにある。とくに大型トラックの運転者に、その傾向が顕著にみられる。全ト協調査（二〇一二年）によれば、給与に占める変動給の比率は、大型で五三・四％、普通・小型で四七・七％である。

変動給の中身は、運ぶ荷物の量や走行距離、受け取る運賃額などによって決まる歩合と、残業時間に対して支給される時間外手当が主である。概ね歩合部分が六割、時間外手当部分が三割の比率で、変動給は構成されている。

歩合給の割合が高いことは、労働者に長時間労働のインセンティブを高める効果を持つ。ヤマト運輸のケースでも、「サービス残業」の背景の一つとして歩合給制度が存在したように、より高い収入を得るために多くの荷物を運ぼうとする行動が、長時間労働や過積載（規定の積載重量を超えて貨物を積んで走行する違法行為）につながる。

こうした賃金体系では、毎月の収入が売上額や仕事量の変動、労働時間などに左右されるために安定せず、将来の所得の見通しを持ちにくい。つまり、賃金水準が低いだけでなく、収入額の不安定性が、ドライバーになることを躊躇させ、人手不足や定着率の低さをもたらしてきた可能性を指摘できる。

なお、運輸労連の調査によれば、変動給の割合は、大型で四八・三％、普通・小型で四〇・二％である。全事業者を対象とした全ト協調査の結果よりも、五～七ポイントほど小さい*（運輸労連二〇一二年、職種別、全体平均）。そもそも労働組合が組織している職場は、大手企業に多いため、企業規模間の労働条件の差が表れている側面もある。同時に、労働組合は生活の安定を求めて固定的に支払われる給与の比率を高めようと、長年にわたり交渉してきた。それゆえ労働組合に組織されている職場では固定給の割合が相対的に高くなっているとも考えられる。

＊ただし両調査は、調査主体が異なるため、定義が完全に一致しているわけではないことに留意する必要がある。全ト協調査は、固定給と変動給に分けて賃金額を質問しているのに対して、運輸労連調査では所定内賃金、仕事給、所定外賃金に分けてたずねている。後者については、仕事給と所定外賃金を合計したものを変動給とみなした。

変動給はこの仕事にあっているか

トラックドライバーは、特定の資格を持つ労働者が、事業所を離れて、ほぼ一人で従事する仕事である。そのため、働く時間によって賃金を決めるよりも、売上金額、走行距離、運んだ荷物の数や重さなどによって、賃金を決める方が適しているという考え方は、トラック業界に広く浸透している。例えば宅配便のドライバーが、担当区域の一軒一軒の在宅状況を把握しながら、再配達をできる限り減らす努力をしていることは、よく知られる。そうした個々の労働者の経験やスキルの違いが荷物量や売上を左右するのであれば、仕事の成果に応じた賃金を支払うことは、いかにも合理的である。こうした理由から、トラックドライバーでは変動給が普及してきた。

他方で、トラックドライバーの仕事が、どこまでドライバー自身の裁量でコントロールできるのかは、議論の余地がある。労働組合は「労働者が使用者の指揮命令に従う以上、その内容(運行のコース、距離、積載量など)を自ら選ぶことはできない」と強調する。例えば誰が、どの荷物を、どこからどこまで、どのルートを通って(高速道路を使っていいのかどうかなど)運ぶのかということは通常、使用者側によって決められる。運行指示書に従って、ドライバーは現地に赴き、荷物を載せ、指定のコースを運搬するのである。

トラックドライバーは、はたからみれば、それぞれの労働者が一人ひとり独立して働いているようにみえる。だが実際には、ドライバー同士は相互に仕事を分担している場合が少なくない。とくに宅配便の現場では、それが顕著にあらわれる。職場の仲間が仕事を時間内に終わらせることができなければ、自分の仕事を終えた後に仲間のサポートに駆けつけるといったことが、日常的に行われている。ヤマト運輸がチーム集配を組織的に導入したことから分かるように、配送はチームワークによって成り立っている側面もある。これらの事情を考慮すると、個人の配達個数を基準とする歩合給比率の高い現行の賃金体系は、ドライバーの仕事にどれほど見合ったものなのか疑問が残る。

他産業と比較したとき、トラック業界の歩合給比率の高さは際立つ。例えば、「主な賃金形態」が「出来高払い制」である企業の割合は、全産業平均で三%である。他産業の比率は〇〜三%とごくわずかなのに対して、運輸業・郵便業だけが一九・八%と突出して高い（厚労省『就労条件総合調査』二〇一四年）。他産業の実態はより詳細な分析が必要になるとはいえ、事業所外で就労することが多い営業職や、個人の成果を測りやすい仕事など、トラックドライバーと類似した労働特性を持つ業務は、社会に広く存在するが、それらの職種の賃金が必ずしも出来高払いを主としているわけではない。

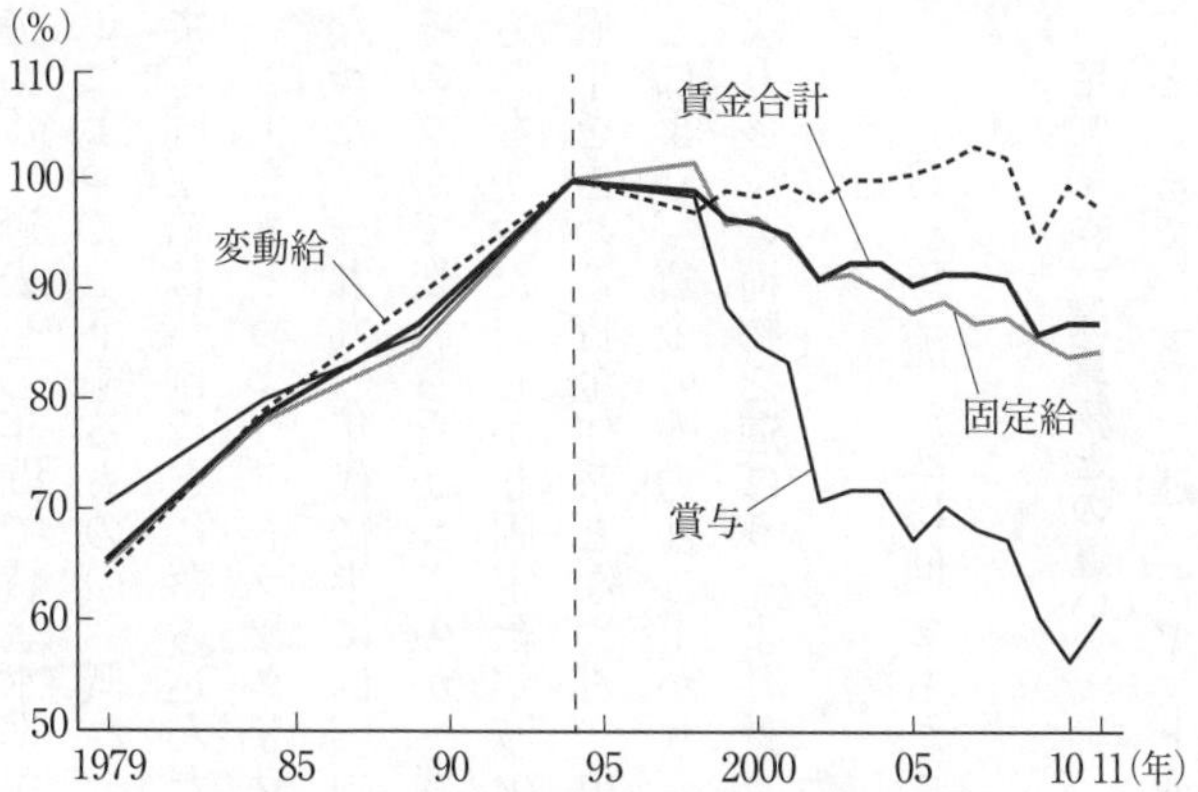

出所：全ト協『トラック運送事業の賃金実態』各年版.

図3-7　固定給と変動給の増減(1994年=100)，一般貨物自動車の大型運転者のケース

実は、かつてのトラックドライバーの賃金は、現在ほど変動給の割合が高くなかった。一九八〇年代までは、全ト協調査によれば給与全体の約五〜六割が、運輸労連調査によれば約六〜七割が固定給だった。しかし徐々に、とくに二〇〇〇年代以降に、変動給の比率が高まった。変動給のなかでも、時間外手当の割合は、過去三〇年間大きく変わっていない。つまり歩合部分が増えてきたのである。

賃金に占める変動給の割合は高まったが、実額でみると、変動給として支払われる給与額が増えてきたわけではない。変動給の比率が上昇した理由は、固定給として支払われる給与額が減少してきたことにある。

項目別に賃金額の推移を示したのが図3−7

である。過去三〇年間で賃金水準が最も高かった一九九四年を一〇〇とした場合、変動給は、年によって上下するものの、概ね一九九〇年代半ばの水準を現在も維持している。それに対して、固定給は八割ほどに落ち込んだ。賞与は半分近くになった。

以上をまとめよう。トラックドライバーの賃金は、一九九〇年の規制緩和以降、上昇しなくなった。一九九〇年代後半には、固定給と賞与を低下させながら、賃金総額が減っていった。そのなかで変わらなかったのが、変動給である。変動給だけは、上昇こそしないものの、低下もしなかった。しかし固定給が減少した結果、両者の構成比率は変化し、現在では、変動給が過半を占める賃金体系となった。単に賃金が下がっただけでなく、変動給の比率が高まったことにより、賃金の弾力性は上がり、ドライバーにとっては、収入の安定性が低下した。同時に、より多くの荷物を運ぼう、より長く働こうというインセンティブが高まった。

3　物流二法は何をもたらしたか

宅配便と一般貨物との違い

ところで、一章で述べたヤマト運輸のような宅配便の事業者と、二章で取り上げた一般貨物の事業者とは、いずれも主にトラックを使って有料で荷物を運送するという意味では同じ業種に属する。業界団体も労働組合も、両者間で区分があるわけではない。規制緩和により営業区域も廃止されたため、宅配業者も、一般貨物の事業者も、全国に荷物を配送することが可能である。それらの企業に雇用され荷物を運ぶ労働者は、一様にトラックドライバーと呼ばれ、同一の労働市場に存在し、共通の労働基準が適用される。

しかし、こうした類似性はあるものの、宅配便と一般貨物の間には様々な違いがある。最も大きな相違は、輸送方式にある。宅配便は、小型トラックで集荷した貨物をターミナルで方面別に仕分けたうえで、大型トラックで幹線輸送する方式をとる。これは法律上、「特別積合せ(以下「特積み」と略す)」という区分に分類される。宅配便以外にも、やや大型の貨物などを混載して輸送する事業者が、特積みに属する。特積みを行うには、荷物を仕分けるためのターミナルを設けなければならない。ターミナルには、たいてい巨大な自動仕分け機が設置される。ゆえに初期投資が莫大であり、参入障壁が高い。その結果、物流二法施行後も、特積み事業者の新規参入は一社もない。

宅配便と一般貨物は、市場も異にしている。物流二法施行後に運賃が低下していったのは、主に一般貨物の方である。日本銀行が毎月調査している企業間取引のサービス価格をみると、一九九五年の運賃を基準(一〇〇)にした場合、「一般貨物」の指数は下がり続け、二〇〇四年四月に九五となった。だが「特別積合せ貨物」の指数は概ね変化がなく、二〇〇四年四月で一〇二である(日本銀行「企業向けサービス価格指数(一九九五年基準)」)。つまり物流二法による運賃の低下は、主として一般貨物に関して生じたことであり、宅配便については直接的な影響をはっきりと確認することができない。

宅配便に限っていえば、ヤマト運輸が宅急便を始めた一九七〇年代は、多くの企業が参入し、厳しい競争が繰り広げられた。しかしその後、淘汰が進み、今日ではヤマト運輸、佐川急便、日本郵便の上位三社で九割以上のシェアを占めている。

宅配便ビジネスは、幅広い配送ネットワークを構築することで、輸送コストを引き下げることができる。そのため、全国各地に巨大ターミナルを設け、高速自動仕分け機を導入し、多数のトラックを保有できる企業が勝ち残ってきた。いわゆる「規模の経済」が働きやすいのである。それゆえ宅配便は、大量のドライバーを抱えるという意味で労働集約的でありながら、装置産業的な特性も持つ。

他方、一般貨物は、主に法人を相手とし、一台のトラックに一社の荷物を積載する「貸切輸送」が典型的である。ターミナルを利用せず、一台のトラックに貨物を混載して輸送する方式もみられる。こうした輸送方式では、トラックとドライバーさえそろえれば、スポットで仕事を請け負うことも可能であり、参入障壁は極めて低い。その結果、物流二法施行後、事業者数が急増した。つまり一般貨物については、規模の経済が機能しにくく、価格競争に陥りやすい。

これらの相違から、特積みでは大手企業が多いのに対し、一般貨物では中小零細企業が多い。宅配便のドライバーは、荷物の積み卸しを担いながら、比較的狭い地域内を多数の企業や住宅を対象に集配するのに対し、一般貨物のドライバーは比較的中長距離の輸送を担う。

アマゾンの配送を誰が担うか──宅配業界の競争

一般貨物のような過当競争は起きなかったとはいえ、宅配業界においても運賃を思うように引き上げることが困難だった。そのことは、一章でみた通りである。トラックドライバーの労働時間の長さや再配達の多さが社会問題化して、ようやく値上げの動きが進んできた。しかし、それまでのネット通販会社との運賃交渉をみる限り、一般貨物と同様に、宅配業者に強い運賃決定権があったと断言することはできない。

その背景には、宅配業界が寡占化した市場を形成するまでに非常に激しい競争を展開してきたことや、寡占化後もヤマト運輸、佐川急便、日本郵便の三社のシェア争いが、法人荷主に対する値引き競争を招いたことなどがあげられる。

物流二法により、営業区域が自由になり、路線を広げやすくなったことも、競争を激しくした。ヤマト運輸や佐川急便のような大手企業でなくても、この業界への参入機会を狙っている事業者は、多数存在する。例えば、二〇一七年にヤマト運輸が運賃値上げに動き、アマゾン・ジャパンと交渉を開始したことが報道されると、ヤマト運輸のような全国ネットワークがなくても、地域ごとに配送ネットワークを築いている事業者が、アマゾン・ジャパンの荷物を運び始めた。アマゾン・ジャパンは、東京二三区を中心に、自ら配送網を編成し、その担い手となる業者をそろえていったのである。同社の発表によれば、それらの業者として丸和運輸機関、札幌通運、SBS即配サポート、ファイズなどの企業があげられている。その一つである丸和運輸機関の社長は、「日本最大の宅配会社がお手上げ状態になったことは、大変なチャンスだと思った」と話し、アマゾン・ジャパンの荷物をヤマト運輸に代わって運ぶことに意欲をみせた。

もちろんこれらの企業が、ヤマト運輸に代わってアマゾン・ジャパンの配送を担いうるかどうかは、不透明である。現実にヤマト運輸の配送が縮小したことにより、遅配や誤配といったトラブルが起きたと報じられた。けれども、こうした潜在的競争の圧力が、運賃の値上げを困難にしてきたことは否めない。

日本郵便の存在

以上に加えて、日本郵便の存在が、運賃を据え置く方向に作用してきた。日本郵便とは、二〇〇七年の郵政民営化により設立された日本郵政グループの郵便事業を担う企業である。同社の宅配サービスであるゆうパックは、もともとは国営事業であった郵便局の郵便小包の一種だったが、二〇〇七年に民営化されて以降、宅配便として分類されている。

現在、ヤマト運輸の宅急便、佐川急便の飛脚宅配便、日本郵便のゆうパックの基本運賃をみると、大きさや重さによって違いがあるため厳密な比較はできないものの、概ねヤマト運輸と佐川急便が同水準であるのに対し、日本郵便は若干安く設定されている(表3－4)。こうした状況のもと、ヤマト運輸や佐川急便は、日本郵便に顧客を奪われることを懸念して、運賃の値上げに踏み切れなかったと考えられる。

現実にヤマト運輸と佐川急便が値上げに踏み切った後、日本郵便も値上げを決めたが、その実施時期はヤマト運輸の値上げから五カ月後となった。それゆえ、数カ月にわたってゆうパックのみが割安な料金となり、一部の大手法人顧客が配送業者をヤマト運輸から日本郵便に切り替え、個人客の荷物もゆうパックに集中した(『日本経済新聞』二〇一七年一〇月一一日、一二月一二日)。

日本郵便は、日本郵政グループ(日本郵政ホールディングス、ゆうちょ銀行、かんぽ生命保険、日本郵便の四社から構成)のなかで圧倒的に収益力が弱く、グループ内で唯一株式上場を果たしていない。日本郵便の本業である郵便事業は、赤字が続いている。郵便局の窓口でゆうちょ銀行やかんぽ生命保険の受託事業として金融商品を取り扱い、その手数料収入が同社の経営を支えていると言われる。民営化されたとはいえ、同社は税制面で優遇措置を受けていたり、駐車禁止の道路でも郵便物の集配車両を停めたりすることが特別に認められている(ただし郵便小包の集配車両はその限りではない)など、ヤマト運輸をはじめとする民間企業との間で公正な競争が行われているとは言い難い。

その一方で日本郵便は、ハガキを一枚六二円という安価な料金で全国に届けるといった社会のインフラストラクチャーとしての機能を維持することが使命とされている。郵便事業は、郵

表 3-4　基本運賃(縦・横・高さの合計が 100 cm の荷物)の比較(円)

区　間	ヤマト運輸	佐川急便	日本郵便
東京－札幌	1793	1793	1630
東京－大阪	1469	1469	1410
東京－福岡	1793	1793	1730

注：料金は，各社の改定後のものを表記した．ヤマト運輸は 2017 年 10 月 1 日，佐川急便は 2017 年 11 月 21 日，日本郵便は 2018 年 3 月 1 日に，上記の運賃に移行することを発表している．なお各社ともに，割引料金も設定している．
出所：各社 HP より著者作成．

政民営化法でユニバーサル・サービスが義務づけられている。値上げについても、郵便法などの法令で事細かに縛られており、自社内の決定で変更できるわけではない。

ただでさえ競争が厳しい宅配便市場のなかに、こうした公共的性格を有する日本郵便が参入していることをヤマト運輸は、以前から問題視してきた。ヤマト運輸の関係者は、「佐川さんはいいんですよ。民間企業同士が闘うのであれば、互いに赤字になれば潰れるわけで、正面切って経営努力で勝負することができます。今回みたいに価格競争になって、採算が合わない水準にまで(価格が)落ちれば、互いに撤退するか、値上げを求めるかだけです。でもね、何年も赤字を垂れ流しながらも、決して潰れない企業と闘ったら、どこの企業だって負けちゃいますよ」と苦々しく語る。

ヤマト運輸の賃金体系の変更

そうした環境のなか、一九九〇年代後半以降、大型ドライバーと同じく普通・小型ドライバーの賃金も低下し、歩合給比率を高めていった。普通・小型のなかには、一般貨物のドライバーも含まれるため、そのすべてが特積みを意味するわけではない。けれども宅配業界においても、同時期に賃金の低下と歩合給比率の高まりが生じたことがうかがわれる。

ヤマト運輸では、二〇〇二年に大規模な人事制度の変更が行われている。その前年に人事制度の再構築を目指す労使プロジェクトが発足し、約一年にわたり経営側と労働組合が協議を重ねたうえで、新たな人事制度を導入した。ヤマト運輸の給与は、基本給と出来高給、各種手当で構成されるが、二〇〇二年の改正により、賃金を決定する要素として成果の比重が高められた。

この改正前から出来高給は存在していたが、出来高を判断する基準は、集荷量と走行量だった。それゆえ、出来高を上げるために、過剰な割引をしてでも荷物を引き受けることがあった。それは、社内で問題となっていた。そこで新制度では、一連の仕事のなかで、どれだけの利益を上げたのかという点が業績を判断する基準に採用された。つまりドライバーにも、利益率を考えた仕事が求められるようになったのである。その他にも積極的な営業を促すために、基準の集配個数を超えれば、一個あたりいくらといった具合に加算給がつけられた。

こうした賃金制度の変更とあわせて、二〇〇二年の春闘では、正社員一人あたり平均二万七八四七円の賃下げを決定した。当時の組合執行部は、「宅急便の成長神話も止まり(中略)企業の体力の残っているうちに、働く者の雇用を守り、永続的な発展を可能にする新しいヤマトを築かなければならない」「一〇万五〇〇〇人の社員を乗せたヤマト丸は、今次春闘で大舵を切

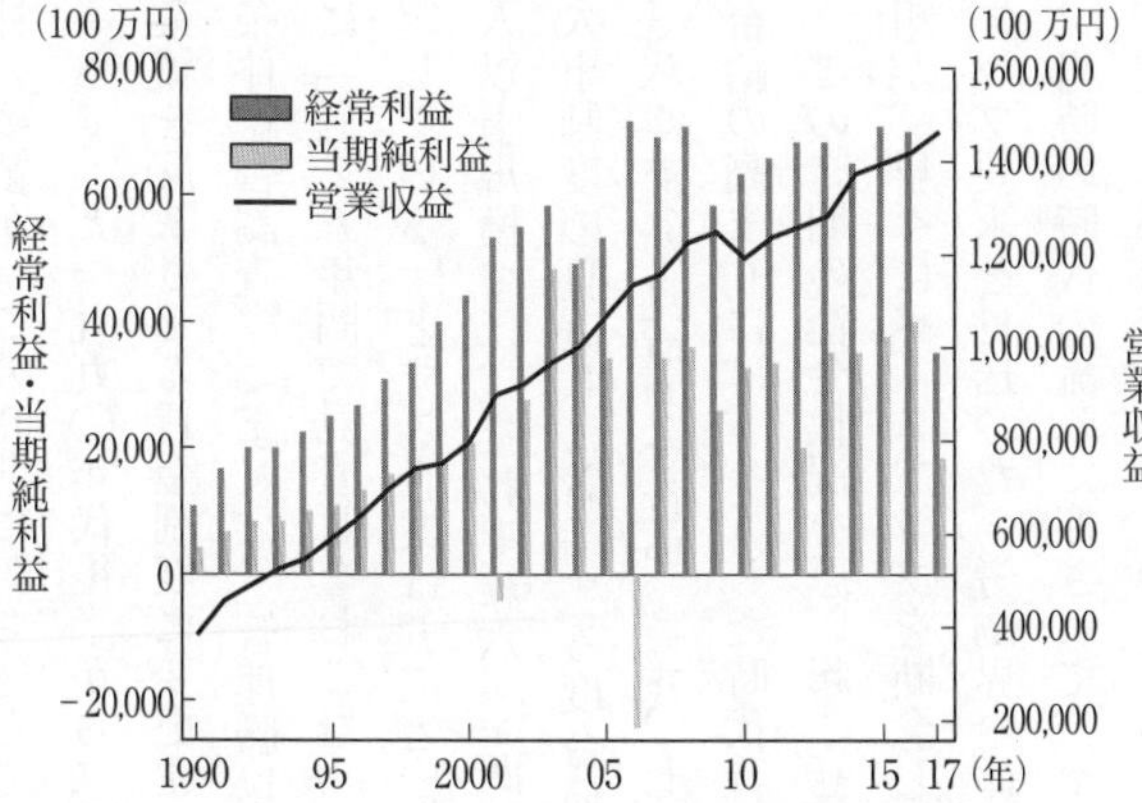

出所：ヤマト・ホールディングス株式会社有価証券報告書.

図3-8　ヤマト・ホールディングスの財務状況

った」「将来、下船者を出さないために断腸の思いで大英断を下した。賃金と一時金はヤマトが健全経営を続けていく限り、必ず取り返しがつく。しかし、いったん失われた雇用はどんなことがあっても取り返せない」などと述べ、組合員に理解を求めた（ヤマト運輸労働組合『ヤマト運輸労働組合六〇年史』二〇〇六年）。

　しかしながら、二〇〇〇年代前半も、宅急便の取扱個数は伸び続けていた。営業収益も経常利益も、少なくとも一九九〇年から二〇〇三年までは右肩上がりを示している（図3-8）。二〇〇一年の当期純利益は、約四二億円の損失となっているが、これは企業グループの退職金給付債務の会計基準が変更され、この年度に一括処理したことにより特別損失を計上したために生じた。つまり同社の業績が、この時期に落ち込んでいたわけではない。

ちょうど一九九〇年代後半から二〇〇〇年代前半は、トラック業界のみならず日本全体で、業績を反映させる賃金制度に変更することが流行した時期だった。二〇〇一年の厚労省『就労条件総合調査』によれば、管理職以外の従業員について、「個人業績を賃金に反映する」制度に「過去五年間で見直しをおこなった」とする企業は四九・三％、「今後三年以内に見直しを予定している」とする企業は五三・二％に達した。とりわけ大企業でその比率は高く、一〇〇〇人以上規模では、それぞれ六一・四％、五二・二％にのぼった。産業によっても、このような人事制度の見直しに着手する度合いは異なり、運輸業・通信業は相対的に低いが、それでも三八・二％が見直しを行い、三八・七％が見直しを予定していると回答した。ヤマト運輸での歩合給の高まりには、そうした時代背景も影響したとみられる。

この時期の社会状況を思い起こせば、春闘の相場をリードしてきた電機や鉄鋼、自動車の労組が、早々にベースアップ要求を断念し、最大のナショナルセンターである連合も統一的なベースアップ要求を見送った。労働界全体として、賃上げよりも雇用維持が前面に出ていた。

当時の時代の流れに押されて、ヤマト運輸も賃金を引き下げるとともに、より業績に連動した賃金体系に変更していったものと考えられる。人事管理制度は、往々にして企業の方針や戦略よりも、流行に従って変わっていくと言われる。こうしたことは決して珍しくない。結果的に、賃金引き下げと賃金体系の変更は、同社の運賃を据え置く方向に作用したとみられる。

社会的規制と安全性

一九九〇年に施行された物流二法は、規制を緩和して競争を促進させるだけでなく、安全輸送や労務管理などに関わる規制を、以前よりも強化する内容をあわせ持っていた。例えば、各営業所に国家資格を保有する運行管理者の配置を義務づけた。

運行管理者とは、営業用自動車(トラックだけではなくバスやタクシーも該当)の運行上の安全を確保するために設けられた国家資格である。運行管理とは、運行記録の管理はもちろんのこと、運転者に対する点呼とアルコールチェック、積載量の確認、運転者の休憩や睡眠のための施設の管理など、ドライバーの労働のあり方に深く関わる業務である。出発時にドライバーの健康状態を見極め、過度の疲労や疾病がある場合は乗務させないようにするのも、運行管理者の責務である。そのため、過労運転により重大な交通事故が発生した場合には、運転手だけでなく、運行管理者も逮捕・起訴されることがある。運行管理者は、それまで実務経験を資格要件としていたが、物流二法の施行後、試験制に変更され、より正確な法令知識の習得が求められるようになった。

同年、過積載や過労運転といった違反行為に対する罰則も強化された。過積載や過労運転を防止するために、国が指定する民間団体が、適正化事業実施機関として営業所を巡回し、安全確保の徹底や法令遵守に関する指導、違反事業者への指導などを行う体制が創設された。さらに、トラック事業者の違法行為の原因が荷主にあると考えられる場合、国交大臣が荷主に対して必要な措置をとるように勧告することを可能とした。つまり弱い立場にある下請け企業が、荷主から過積載や過労運転といった安全輸送を阻害する行為を強要された際には、「荷主勧告」が発令されることとなった。

これらの制度の導入や改正により、安全性が高まったことが確認できる。例えば、過積載は大きく減少した。警視庁の発表によれば、過積載の取り締まり件数は、一九九三年の九万一六一三件から、その一〇年後である二〇〇三年には一万八六八九件と急減している。二〇一五年も一万二六八二件と低いまま推移している。国交省の調査結果をみても、荷主勧告制度が導入されたことにより、「過積載等の無理な運行の要請をしなくなった」と感じている荷主は四九%に達する(国交省『貨物自動車運送のあり方――いわゆる物流二法施行後の事業のあり方の検証』二〇〇三年)。これらの規制強化は、一定の効果を発揮したことがうかがわれる。

このような消費者や労働者の安全・健康の確保、環境の保全、災害の防止などを目的とした規制は「社会的規制」と呼ばれ、事業者の参入や価格などに関する「経済的規制」と区別されている。規制緩和の議論では、経済的規制を緩和する一方、社会的規制は必要に応じて存続させることが基本原則であった。すなわち、事業者に市場へ自由に参入して競争してもらうとしても、ルールに則った行動を義務づけ、その結果、適正な価格が設定されることが目指されてきた。経済的規制の緩和と社会的規制の保持という組み合わせにより、例えば環境基準を守りながら企業が競い合うことで、環境に配慮した新技術が生まれたり、労働基準を守りながら競争することで、効率的な仕事の仕方が実現したりしてきた面もある。運輸分野でも、そうした基本方針のもと、安全性の確保といった社会的規制を強化し、経済的規制は緩和することで市場を活性化しようとした。

あいつぐ社会保険制度からの脱退

だが、経済的規制と社会的規制を厳密に区別することは難しい。各規制の目的や効果は複合的であり、相互に絡み合う。多くの規制は、経済的規制と社会的規制のいずれかに簡単に振り分けられるようなものでもない。

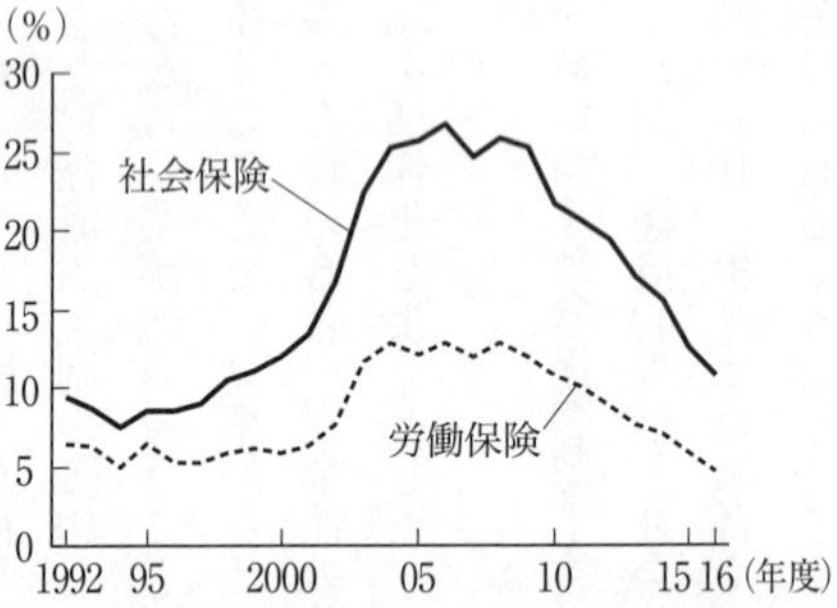

注：社会保険等未加入率とは，適正化事業実施機関の巡回指導件数のうち，営業所に1人以上の未加入者がいる割合.
出所：国交省発表資料.

図3-9　貨物運送事業における社会保険等未加入率の推移

例えばトラック業界では、規制緩和後、経営環境が逼迫し、社会保険に加入しない事業者が増加した。運賃の低下や無理な受注の帳尻を合わせるために、従業員の賃金削減にとどまらず、社会保険料を滞納したり、社会保険制度から脱退したりせざるをえなくなったと考えられる。全ト協調査によれば、規制緩和後に巡回指導をした営業所のなかで、「社会保険等の未加入者がいる」割合は、二〇〇〇年代半ばに向けて増加した。ピーク時には、社会保険未加入が約二七％、労働保険未加入が約一三％に達した（図3-9）。

社会保険未加入率の増加は、一方では使用者に義務づけられている法令が遵守されていないという問題である。つまり、法律を守るように取り締まりを強化するといった対策をとれば済むことである。実際、国交省と厚労省は、社保未加入事業者を排除するため、二〇〇四年には、その事実を把握した場合、運輸支局、社会保険事務局、労基署が相互に通報し合う制度を設けた。さらに二〇〇八年、社保未加入事業者に対して、車両停止処分を導入した。二〇一五年には、新規事業許可時の社会保険加入状況のチェック体制を強化した。それらの施策により、近年では未加入率は減少する傾向にある。それでも未だ一割強の営業所が、社会保険に未加入である。

社保未加入事業者は、規制緩和後に進行した運賃低下とともに増えた。参入要件の緩和および価格設定の自由化といった経済的規制の緩和と、社保未加入率の増加は、無関係に起きたわけではない。つまり社会的規制は、物流二法で強化が謳われたにもかかわらず、経済的規制の緩和により激しさを増した競争に引きずられ、十分な効果を発揮することができなかった。そもそも陸続きに存在する経済的規制と社会的規制は、相互に強い影響を与え合うため、一方を緩和し、他方を強化するという政策自体が矛盾を孕んでいる。

もう一つ例を挙げるならば、一般貨物自動車運送事業の最低車両保有台数は、二〇〇三年に全国一律五台となった。経済的規制の緩和がさらに進んだのである。ただし最低車両台数五台というルールは、五台未満しか車両を保有していない事業者の新規参入を拒むものである。これは一種の参入規制にあたる。つまり現行においても、経済的規制は完全に緩和されているわけではない。

その後、最低車両台数のさらなる緩和が議論されてきた。だが国交省は、トラック事故が減っていないことを理由に、参入の完全自由化を拒んだと言われる。つまり経済的規制を緩和すれば、安全性の確保という社会的規制が保てなくなるという危惧から、（それが十分であるかどうかは別として）五台という最低水準は、今も残されている。こうした動きからも、経済的規制と社会的規制を切り分けて論じるのが難しいことが分かる。

現実的な規制の形

そもそも経済的規制の廃止論は、公正な競争により淘汰が生じることを前提としている。だがすでにみてきた通り、トラック業界では、ワーク・ルールを無視してでも、競争に参加し続ける事業者がいた。その意味で、市場原理に則った望ましい淘汰が進まなかった。

それは、トラック業界が小規模な事業者でも参入しやすく、事業を継続しやすいことと関係する。例えば、父親と息子がドライバーを務め、母親と息子の妻が事務を担っているような事業者が、この業界のなかには存在する。そうした事業者の一部は、生計を維持することを優先し、割に合わない仕事でも引き受ける場合がある。市場競争の原理に従えば、十分な利益を獲得できない事業者は、市場から退出していく。しかし、自営業的な業者では、わずかな利潤しか得られなくても、生計さえ維持できれば、事業を継続するケースが生まれやすい。そうした仕事を重ねていけば、ワーク・ルールの遵守は次第に難しくなる。

本来、市場が持つ「公正な競争による淘汰」という機能が働かないのであれば、別の方法で公正な市場を形成しなければならない。

公正な競争を保障するために、例えば、各職場の労働条件を監督指導する労働基準監督官を大幅に増員し、事業所の監視を強化するといった施策も考えうる。現実に労働基準監督官は、少しずつ増員されている。だが厳しい財政状況のもと、十分な監視を可能とするほどの人員増は現実性を持ちにくい。

それよりも現実的で、より効果的な施策は、社会保険の加入や労働時間などのワーク・ルールを遵守しうる規模の事業者のみに参入を制限することである。むろん、すべての小規模事業者が、不適正な事業運営を行っているわけではない。参入を規制すれば、運賃の値上げなど経済的利益が失われたり、新たな弊害が生まれたりする可能性もある。

けれども、そうした損失や弊害は、トラック業界の持続性を揺るがすほどのものだろうか。過去二五年以上にわたって、この業界では、経済的規制の緩和が優先され、社会的規制の確保が後回しにされてきた。その結果、現在、業界自体の存続が危ぶまれている。そうである以上、今度は社会的規制を機能させるために、経済的規制を強化することが考えられなければならない。

第４章　経済のインフラを維持できるか
――持続可能性の危機

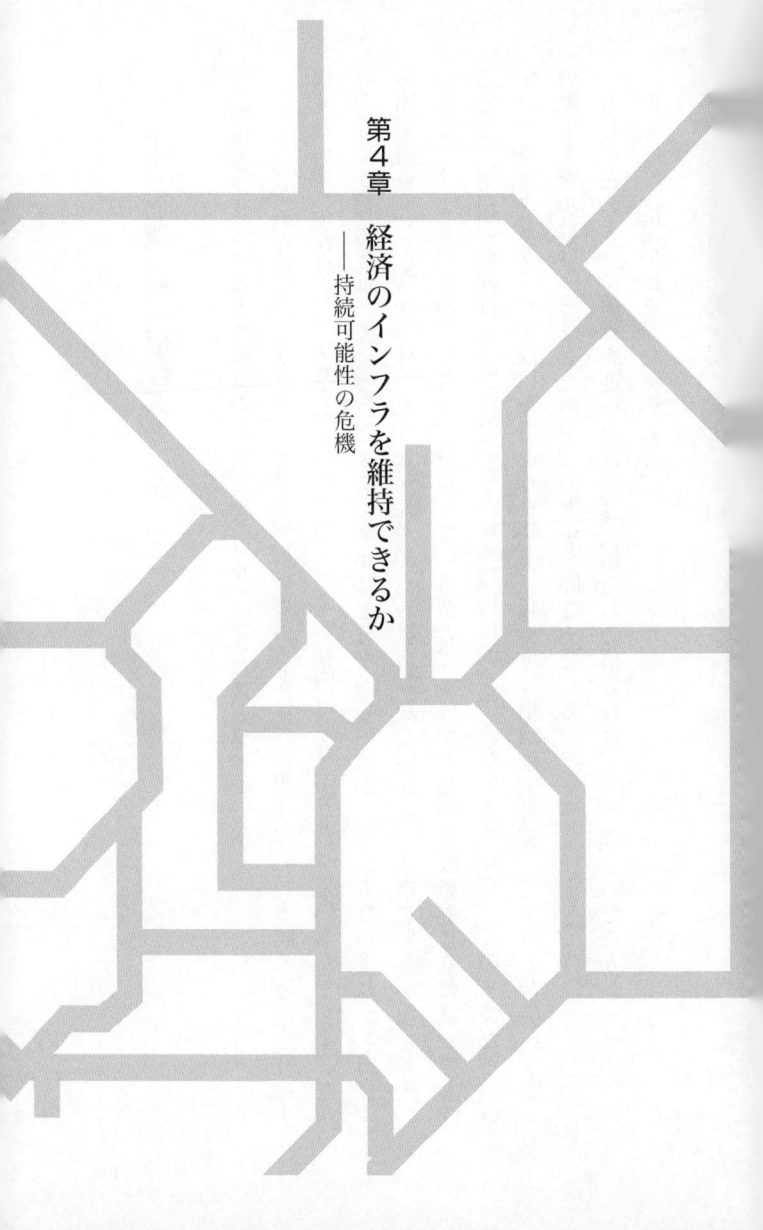

1　危機の解決策はあるのか

「物流が止まる」とどうなるのか——ブラジルで起きたストライキ

「三年後や五年後に、今と同じように荷物が運べるとは到底思えない」と語る運送会社は少なくない。「現在はね、まだ五〇代のドライバーが社内にギリギリ残っているんですよ。だからどうにか荷物を運べているけどさぁ。来年はどうなっているか、分からないよね」と口にする事業者もいる。なかには「もう人が入ってくる見込みがないから、減車しようかなと考えているんですよ。周りみてもさぁ、減車している業者、多いからね」と溜息混じりに話す声も聞こえる。労組の幹部は、「もはや若い人は、職場に入ってこないですから。このままだと、いずれトラックドライバーはいなくなりますよ。我々は「絶滅危惧職種」です」と苦笑いする。労働現場を歩けば、そうした声が、方々から聞こえてくる。

もし現在のように荷物を運べなければ、私たちの暮らしは、どうなるのだろうか。現実に、物流が止まった例がある。

二〇一八年五月、ブラジルでトラック運転手と業界団体が、燃料価格の高騰に抗議して、全国規模のストライキと抗議デモを起こした。人手不足により、じわじわと物流が停滞する日本の状況とは異なるが、参考までに、このときブラジルで起きたことを現地報道をもとに紹介してみよう。

事の発端は、二〇一六年一〇月まで遡る。同国の石油公社は、石油派生品の卸売価格を、国際原油価格、為替変動、国内需要などを加味して決定する方式に変更した。その後、世界的な原油高やレアル安により、石油価格は上昇を続けていった。

ブラジルのトラックドライバーは、個人事業主の比率が高い。そのため燃料費の値上がりは、ドライバーの収入減に直結する。自営業運転手協会(CNTA)やトラック輸送者協会(ABCAM)は、政府に対して燃料価格と燃料税の引き下げを求めた。だが二〇一八年五月一七日、石油価格は二〇一四年一一月以来の高値を記録した。

その翌日、政府が燃料価格の高騰に手を打たないことに痺れを切らしたトラック輸送者協会は、ストライキの実施を呼びかけ始める。

そして五月二一日、予告通りストライキが起きた。警察の発表によると、一二四カ所で道路が封鎖された。それは全二七州のうち一九州におよぶ規模だった。国道脇や高速道路の出入口に何十台ものトラックが連なって停まる様子は、日本でも報じられた。

スト二日目、大手自動車メーカーのGMと日産のブラジル工場が、部品不足により操業停止に追い込まれた。同様にフォードやフィアットも、部品供給が滞っていることを発表した。空港は、このままだと燃料不足で欠航が起きると警告した。だがドライバーたちによる道路封鎖の規模は、拡大していった。

スト三日目、石油公社は、今後一五日間に限り、卸売価格を一〇%引き下げることを決定した。それでも、ストは止まなかった。一部の空港で欠航が生じた。サンパウロ市内のスーパーでは、品不足を伝える貼り紙が目立つようになる。

スト四日目、ブラジル政府は、総額一三四億レアル(約四〇〇〇億円)規模の緊急対策費の支出を決定した。その夜には、石油価格を今後三〇日間引き下げること、燃料税を三〇日間免除することと引き換えに、当面(一五日間)、ストを中断することで合意したと発表した。

だが、ストを呼びかけたトラック輸送者協会は、この合意文書に署名しなかった。同協会は、さらなる燃料税の減免を要求し、ストの継続を呼びかけた。

ストの発生から日にちが経つほど、経済活動や人々の暮らしは混乱していった。スト五日目には、国内すべての自動車メーカーが生産を停止した。メディアは、食料品などが届かず、棚から商品が消えたスーパーの映像を次々と流した。農家は、野菜などの生鮮食料品を廃棄せざるをえなくなった。ストの打撃がとくに大きかったのは、余分な部品や在庫を持たない自動車メーカー、工業部品メーカー、食品業界だったと言われる。

しかし、影響はそこにとどまらない。多数の病院が、医薬品や医療器具が届かないことを理由に、緊急を要しない手術や処置の延期を決定した。農場では、飼料の供給が滞り、大量の家畜が餓死した。食肉処理場では、数千万羽の鶏が殺処分されたという。小麦粉が不足し、パスタ・ピザの生産も停止した。酪農品メーカーは、商品が出荷できず、消費期限が切れたことで壊滅的な被害を受けたと発表した。

少なくとも八つの空港で、給油ができなくなり、航空便の欠航が相次いだ。ガソリンが足りなくなる不安から、街中のガソリンスタンドには長蛇の列ができた。燃料は底をつき、閉店するガソリンスタンドが日に日に増えていった。燃料不足を理由に、公共交通機関のバスや清掃車の運行本数は、大幅に削減された。燃料が枯渇し、一部の市では完全に公共交通が停止したという。多くの学校と企業が、臨時休校および休業の措置をとった。こうした事態を受けて、五月二五日、サンパウロ市長は非常事態宣言を出した。

スト八日目、大統領は、トラック業界団体と新たな合意に達したことを発表した。その内容は、一つにはディーゼル燃料の小売価格を一二%引き下げ、今後六〇日間、その価格を凍結することだった。値下げは石油公社が実施するが、その損失分を政府が補てんすることを約束した。加えて、ディーゼル油の卸売価格の見直し間隔を毎日から月間ベースに変更すること、無積載トラックの有料道路通行料金を減免すること、輸送費の公定最低価格を設定することなどが決まった。そのうちいくつかは、大統領による暫定措置命令として即日発効された。

同日、トラック輸送者協会は、政府の要請を受け入れるとの声明を発表した。そして、ドライバーたちにストの解除を呼びかけた。

だが政府の決定に対して、農業団体などから反発の声が上がった。物流コストが上昇するためである。石油化学業界も、収益悪化により企業経営が困難になると抗議を表明した。

その後、幹線道路の封鎖は徐々に解かれていった。しかし、交通および物流機能が完全に回復し、混乱が沈静化するには、さらに時間を要した。サンパウロ市内のガソリンスタンドが、給油サービスを再開できたのは、五月三〇日だったと報じられている。そして給油の再開を受けて、街中には再び車が長蛇の列を作った。市内のガソリンや食料品の価格は、供給不足ゆえ、一時的に跳ね上がった。

五月三一日、サンパウロ市長は緊急事態宣言を解除した。その翌日、石油公社の総裁が辞任を表明した。

六月に入り、ブラジル財務省は、このストライキに伴う経済的な損失額をGDPの〇・二％に相当する一五〇億レアル（約四三五〇億円）と試算した。ブラジル地理統計院によれば、この月の鉱工業生産指数は、前月比一〇・九％減と、リーマン・ショック（二〇〇八年一二月）以来の大幅な落ち込みとなった。

影響は、一国内に収まらない。日本でも、鶏肉価格が一時的に上昇した。ブラジルが主要産地であるコーヒー豆や砂糖、大豆などの国際相場も急伸したと伝えられている。物流が止まれば、経済活動は一斉に停止し、社会は混乱する。このストライキは、全世界に向けて、そうした事実をまざまざと見せつけた。

ブラジルは、面積が広大で、日本のように鉄道網が発達していない。そのため、物流の大部分を道路輸送が担う。そのことが、これほどの被害をもたらした原因かもしれない。確かに、日本では、トラックで荷物が運べなくなれば、鉄道や船で運ぶ方法もある。しかしこうした手段を使っても、貨物が到着した駅や港から工場や店舗へ、そして消費者のもとへ商品を運搬するのは、トラックである。道路輸送を併用しなければ、鉄道輸送や内航輸送は機能しない。

水道や医療、福祉などが社会のインフラであるように、物流は経済のインフラと呼ばれてきた。経済を人の体にたとえると、道路は血管で、トラックは血液である。

ドライバーはインフラか——技術革新の限界

物流が経済の基盤であることは疑いない。では、それを支える運送会社やトラックドライバーもまた、インフラなのだろうか。

その答えは自明でない。なぜならば、技術革新によってそれらの業務は代替できるとの見方もあるからだ。例えば、今後、自動運転が普及すれば、高速道路の運転業務は人工知能(AI)に置き換わるかもしれない。もし荷主が運送会社に支払う運送費が高いと感じれば、自社の従業員に自社の車両を使って運搬させる方法もある。現行の規制を見直せば、スマホの配車アプリに登録した誰しもが、自分の車で貨物を運搬できるかもしれない。通勤の途中や隙間の時間を使って荷物を運び、収入を得たいと考える人もいる。

つまり、物流というシステムは、経済インフラとして維持されなければならないとしても、必ずしも運送会社やそこで雇用されるドライバーによって担われなければならないものではないということだ。

しかし、ことはそれほど簡単ではない。単に荷物をA地点からB地点まで運ぶだけであれば、様々な代替可能性がある。けれども、インフラとして存立するには、質も問われる。例えば、環境に配慮した運行が可能か、交通事故を引き起こさずに安全な輸送ができるか、ドライバーという労働力が持続的に供給される環境にあるか、といった要素が伴わなければ、インフラにはなりえない。そうした質を備えた物流を欲するのであれば、現段階では、環境規制や安全基準に則って貨物運搬を担う運送会社と、それらのルールを守って働くドライバーによって主に担われざるをえない。

そもそも運送業とは、A地点からB地点に貨物を移動させ、その対価として報酬を受け取るビジネスだ。極端な場合、車両一台とドライバー一人を確保すれば、請け負うことができる。初期投資が少なくて済む分、市場への参入は比較的容易で、小規模な企業も存続しやすい。そのため、トラック業界は市場の寡占性が働きにくく、ややもすれば過当競争に陥りがちである。

さらに、小規模事業者がひしめき合うなかで、他社と異なる付加価値をつけようとしても、それが難しい。より多くの荷物を、より早く運ぼうとしても、道路交通法の積載制限や速度制限を遵守して運行する限り、自ずと限界がある。つまりサービスの差別化がしづらく、技術特性を発揮しにくいのである。そのことが運送会社の交渉力を弱め、荷主に対して従属的な性格を生み出してきた。技術特性が乏しいために、荷卸しなどの附帯業務を引き受けたり、運賃を引き下げたりすることが、競争力になりやすい。

そうした性格をもつ市場で競争が激しくなれば、ルールさえも無視した過当競争に容易に陥ることは想像に難くない。安全性や環境保全に配慮しない運送の方が、より安く、より早く荷物を運べる。労働基準を守らずにドライバーを働かせた方が、運送費を低下させ、消費者の利便性を向上させることができる。

しかし、そのような事態に発展すれば、もはやインフラとしての質を保っているとは言い難くなる。私たちは安い運賃や早い運送を手に入れる代わりに、別のリスク、例えば環境破壊や交通安全の欠如、人手不足による物流機能の停滞を負わなければならない。

以上にみたようなトラック業界の特徴を前提に、物流というインフラ機能を維持していくために、競争条件や労働環境はどうあるべきなのか。近年、政府、業界団体、労働組合などが、再び話し合いを始めている。本章では、とくに労働環境の改善に向けた取り組みに着目し、その動きを追っていく。

2 深刻化した人手不足

加速するドライバーの高齢化

今日、ドライバーの高齢化が急速に進んでいる。平均年齢の推移をみると、かつてドライバーの平均年齢は、男性労働者の平均よりも若かった。だが、二〇〇一年を境に両者は逆転し、それ以降、差が開く一方である(図4-1)。二〇一六年現在、普通・小型ドライバーの平均年齢は四五・五歳、大型ドライバーは四七・七歳である。いずれも日本の男性労働者の平均年齢(四三・〇歳)を二・五〜五・〇歳ほど上回っている。高齢化は、日本社会全体の問題である。しかしドライバーについては、一層早いスピードで高齢化が進行している。

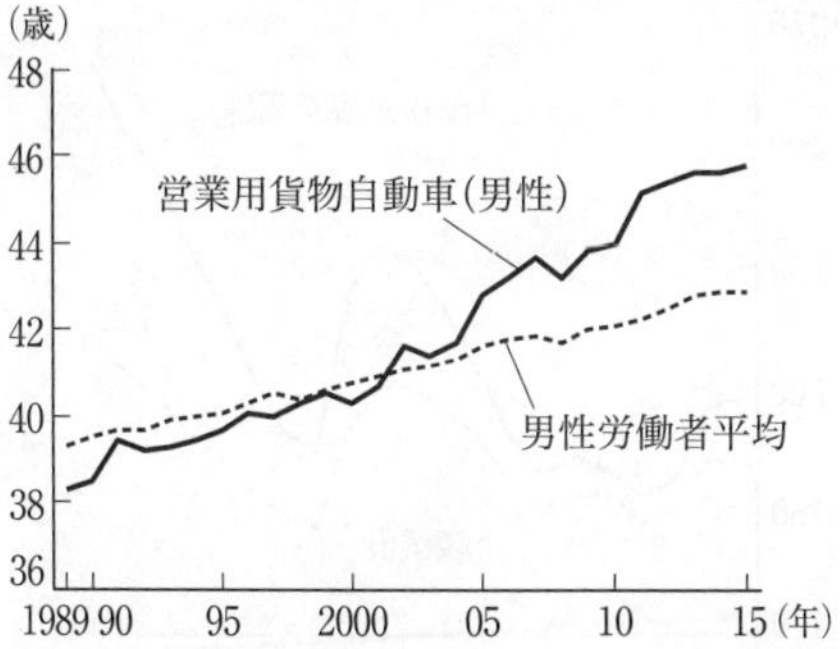

注：すべて学歴合計，企業規模合計．営業用大型と営業用普通・小型の平均年齢を加重平均した．
出所：厚労省『賃金構造基本統計調査』各年版．

図4-1　平均年齢の推移

二〇一六年度の「自動車運転の職業」の有効求人倍率は二・三三と、全職業平均の一・二二を大きく上回った(厚労省『職業安定業務統計』)。有効求人倍率とは、全国のハローワークで仕事を探す求職者一人あたり、何件の求人があるかを示す数値である。つまり「自動車運転の職業」では、企業が二〜三人のドライバーを採用したくても、一人しか採用できない状態だ。ドライバー以外にも、人手不足の職業は数多くあり、「サービスの職業」(有効求人倍率二・八九)、「保安の職業」(五・九六)、「介護サービスの職業」(三・四四)などを挙げられるが、「事務的職業」(〇・三九)をはじめ、逆に人手が余っている職業も存在する。人手不足の度合いは、職種、産業、地域によって大きな偏りがある。

一般的に有効求人倍率は、好景気の時期に上がり、不景気の時期に下がる。「自動車運転の職業」の有効求人倍率も景気が悪い時期は一・一〜一・二に落ち着き、景気が良い時期に一・五〜二・〇程度に上昇してきた。つまり好景気の際にはかねてから慢性的な人手不足にあった。しかし過去二〇年間なかったほどに、近年の有効求人倍率は高まりをみせている(図4-2)。

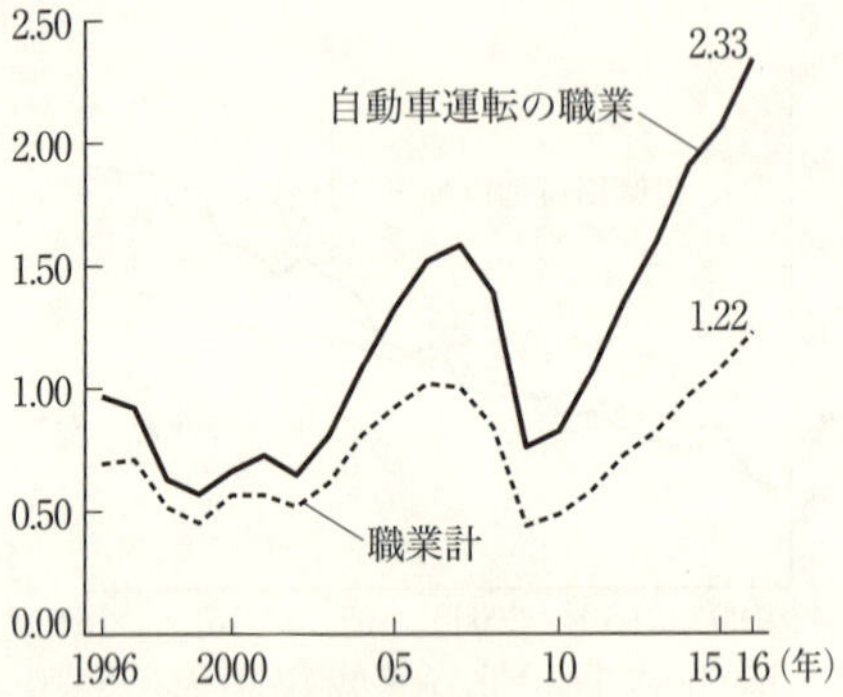

注:パートタイムを含む.
出所:厚労省『職業安定業務統計』各年版.

図 4-2 自動車運転の職業の有効求人倍率の推移

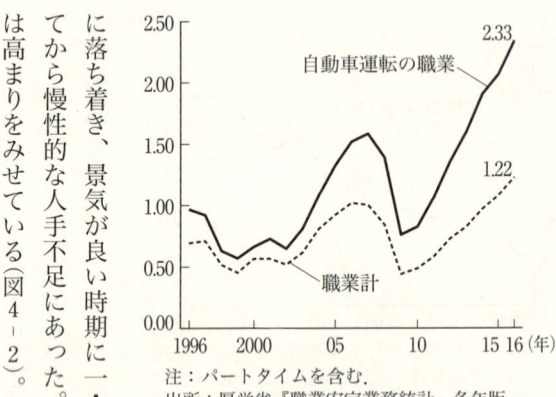

人手不足で供給過剰という「矛盾」

ところで、深刻な人手不足と、トラック業界が過当競争にあることは、一見矛盾してみえる。一般的に過当競争とは、需要に対して供給が多すぎる結果、過度の競争が生じていることを意味する。つまり、トラック業界では、仕事の数もしくは荷物の数（需要）に対して、運送会社の数（供給）が多すぎる状態にある。

事業者数が過剰ならば、業界全体でみると、荷物数という意味での需要に対するドライバー数は、有効求人倍率が示すほどには、不足していない可能性もある。言い換えると、各々の事業者が十分な人手を確保できていないとしても、そもそも事業者数自体が多すぎるのであれば、人手不足が過大に表れているのかもしれない。一九九〇年以降、トラック業界では、有効求人倍率が上昇した時期でさえ、労働条件はほとんど向上しなかった。そのことは、人手が数値ほどには不足していないことをうかがわせる。

もちろん各業界の適正な事業者数に、何か基準があるわけではない。そのためトラック業界でも、現行の事業者数が過剰なのか、過少なのかは、はっきりしない。同様に、競争が過当かどうかも、正確には分からない。だが、運賃と賃金の低下に加えて、社会保険からの脱退という最低限のワーク・ルールさえ守らない状況が生まれていることから、本書では過当な競争状況にあると推測する。

荷物の増加、なり手の減少

有効求人倍率をより詳細にみてみよう。宅配便のドライバーが含まれる「配達員」と、一般トラックのドライバーを指す「貨物自動車運転者」に分けてみると、配達員では、とくに二〇一〇年以降、求人数が増加したことによって求人倍率が上がってきた。二〇一〇年から一五年にかけて、配達員の新規求人数は一・六倍に増え、全職業の求人件数の増加率(一・三六倍)を上回る(厚労省『労働市場年報』各年版)。

それに対して貨物自動車運転者は、二〇〇〇年以降、求職者数が減少したことで、求人倍率を上昇させてきた。

つまり、宅配便ドライバーは、労働需要が増えたことによって人手不足が起き、大型・中型を中心とする貨物トラックでは、なり手が減ったことにより人手不足が発生している。

宅配便について言えば、一章のヤマト運輸の事例から、通販ビジネスの拡大を背景に、労働ニーズが急増したことが分かる。日本通信販売協会によると、通信販売の売上高は、過去一〇年の平均増加率が約七%と、猛烈な勢いで増え続けてきた。ネット通販市場の拡大は、通販商品の輸送量を急増させていった。それに加えて、「送料無料」や「即日配送」が、労働現場の負荷を高め、結果的に人手不足を加速させた可能性がある。

他方、貨物自動車運転者は、求職者数が大幅に減少してきた。図4-3は、新規求職者数について、二〇〇〇年を一とした場合の変化を示したものである。これによれば、労働市場全体の新規求職者数は、二〇一五年に〇・六八まで減少した。配達員も〇・七六と低下傾向にある。ところが、貨物自動車運転者は〇・三八と、一段と大きく減らしている。一体、これほどまでに減少した理由は、どこにあるのだろうか。

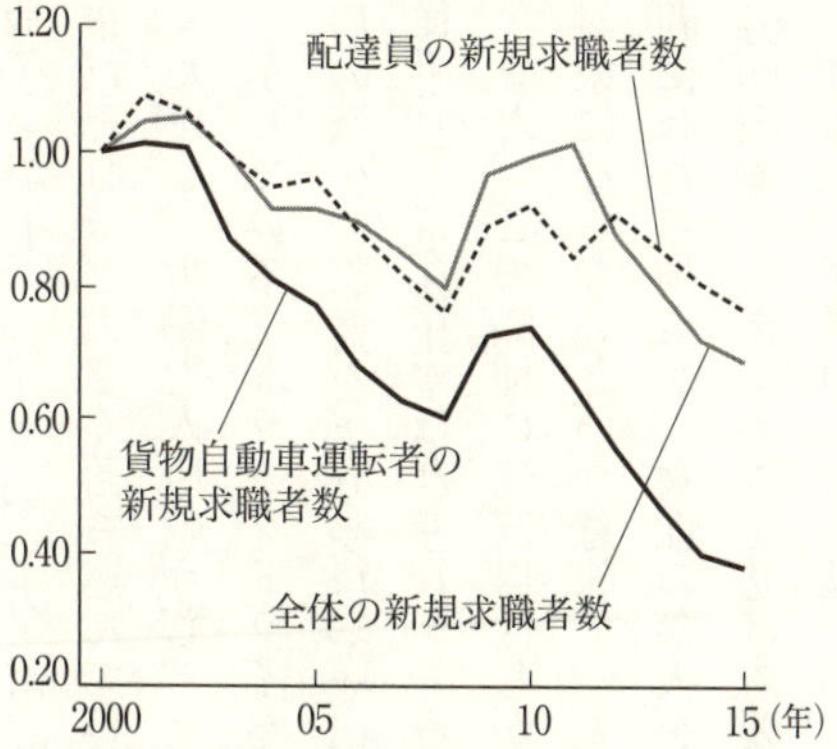

出所：厚労省『労働市場年報』各年版.

図4-3　新規求職者数の推移（2000年＝1）

なり手不足を引き起こした原因

周知の通り、日本の労働力人口は、少子化によって減少している。その総数は一九九九年の六七九三万人をピークに緩やかに下がり始め、二〇一六年には六六七三万人となった（総務省『労働力調査』各年版)。ただし、ピークの一九九九年を一とすると、二〇一六年は〇・九八であり、現時点では、まだそれほど大きく落ち込んでいるわけではない。

ただし、労働力人口のうち、女性労働力は増加傾向にあるのに対し、男性労働力は減少傾向を示している。トラックドライバーは、ほぼ男性によって占められていることから、労働力人口の減少の影響をより受けやすいと推測される(総務省『国勢調査』二〇一五年版の「自動車運転従事者」の男性比率は九七・八%である)。

また、この職種にほぼ男性しか参入していない状況は、そもそも労働市場の半分しか求人の対象にならないという意味で、人手不足につながりやすい。そして、業務の肉体的負荷や長時間にわたる拘束が、女性の参入を妨げているのだとしたら、一般男性にとっても同様に過酷な労働環境といえ、参入を妨げる要素になりうる。

さらに、労働力人口の減少率は、年齢層によって大きく異なる。年齢別に労働力人口の推移をみると、若年層で大きく減り、中高年層ではあまり変化していない。一五〜二九歳の若年労働力人口は、一九九九年を一とすれば、二〇一六年は〇・六九まで下がった。これには少子化に加えて、就労開始年齢を引き上げる高学歴化が影響している。

二〇一六年現在、大学進学率は五四・七%である。高校を卒業して就職する者の割合は、一九九〇年には三五・二%いたが、二〇一六年には一七・九%まで減少している(文部科学省『学校基本調査』二〇一六年)。

こうした高学歴化は、ドライバーのなり手不足に拍車をかけた。自動車運転に従事する男性有業者を学歴別にみると、中卒・高卒者が全体の八四・四%を占める(総務省『就業構造基本調査』二〇一二年の「輸送・機械運転従事者」)。従来、中卒・高卒労働力に頼ってきた産業や職業でも、高学歴化を受けて大卒者の取り込みを進めているが、トラックドライバーについては、二五~三四歳でも七六・五%(男性のみ)が中卒・高卒者であり、中卒・高卒労働力に大きく依存していることが分かる。

つまり、若年労働力人口の減少と中卒・高卒労働力の縮小という二重の落ち込みが、従来、ドライバーのなり手となってきた母数を減らした。そのことが、ドライバーの求職者数の減少、とくに若年層の参入減につながった。

そのうえ、若年労働者がドライバー職を選好しなくなっている。新規求職者に占める四五歳以上の比率のデータをみる限り、かつて貨物自動車運転者や配達員は、全体平均以上に、より多くの若年者が入職する職業だったことが分かる(図4-4)。しかし、二〇〇四年に貨物自動車運転者で、二〇〇八年には配達員で、中高年層の参入比率が全体平均を上回るようになった。

そして年を追うごとに、主たる参入者が中高年層にシフトしていった。二〇一五年では、貨物自動車運転者の新規求職者の二人に一人以上が、四五歳以上である。

若年たちを取り巻く環境

なぜ、若者はトラックドライバーになりたがらなくなったのか。これには若者の「車離れ」といった変化も関係するが、それ以上に労働条件の相対的低下が影響していると思われる。かつてトラックドライバーは「きついが、稼げる」仕事と言われていた。それが、若者にとって魅力となってきた。だが一九九〇年代後半から賃金が低下していく。今日、トラックドライバーの賃金（所定内給与）は、平均男性の七割ほどである。労働時間が長いという意味で「きつい」ことは変わらないまま、「稼げない」仕事になってしまった。

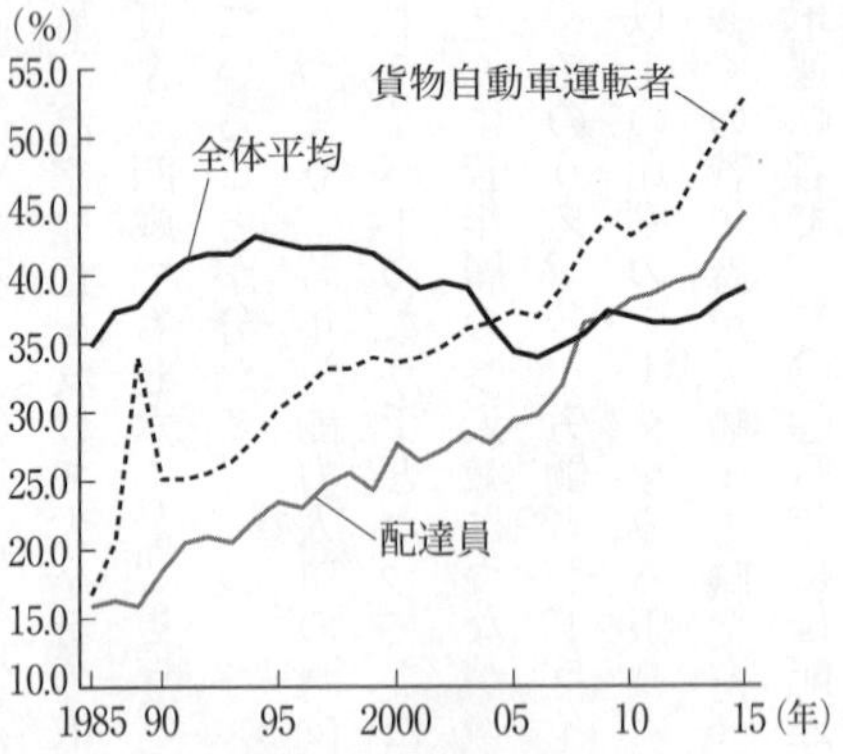

出所：厚労省『労働市場年報』各年版.

図 4-4　新規求職者に占める45歳以上の比率

例えば、東京労働局のデータから、求職者が望む賃金額(求職賃金)と、求人側が提示する賃金額(求人賃金)を比べると、全職業平均では、求人賃金の上限と下限のちょうど真ん中に求職賃金がくる(図4-5)。つまり平均的にみれば、求職者が望む賃金水準は、求人側が提示する賃金の中央値にある。

だが「自動車運転の職業」を抽出してみると、求職賃金は求人賃金の上限を上回る状況にあった。二〇一三年以降、かろうじて逆転している(図4-6)。すなわち、自動車運転職では、求人を出した企業が提示する賃金の最高額でさえ、求職者が望む平均賃金額に達してこなかった。近年の人手不足で、ようやく求職賃金を上回る求人が出てきた。言い換えると、長らくドライバーになろうとハローワークに行っても、労働者が求める平均的な賃金を払ってくれる求人は、一件たりとも存在しなかった。こうした賃金水準のミスマッチは、トラック業界の人手不足の一因と考えられる。

若年層の参入減には、トラックドライバーのキャリアの変化も関係している。かつては、二〇~三〇代にトラックドライバーとして働き、そこで身につけた技能を活かして、四〇~五〇代にバスドライバーに転職し、さらに六〇代でタクシードライバーに転換するキャリア・パターンがあった。そうした道を歩めば、平均に近い生涯賃金を獲得することができた。

ところが、トラックドライバーの賃金水準が下がっていった時期に、バスドライバーの賃金はそれ以上に下落した。例えば、五〇代前半のバスドライバーの年収は、一九九〇年では六〇〇万円を超えていたが、今日(二〇一七年)では五〇〇万円を下回り、大型トラックの年収とあまり変わらない。その結果、もはや運転職を渡り歩きながら、一般的な賃金水準を得るキャリ

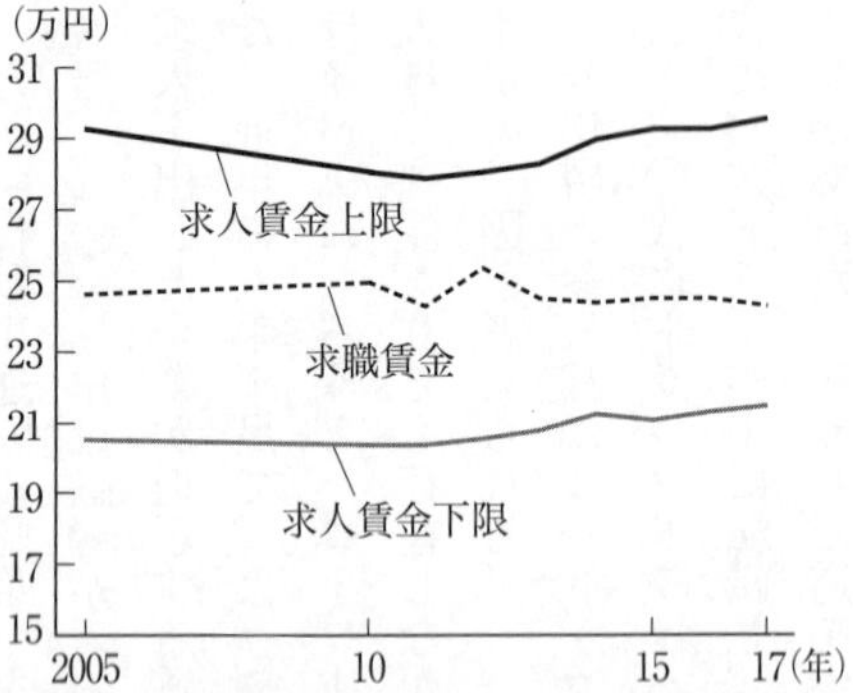

出所：東京労働局のデータ(賃金状況・常用，各年4月の状況).

図 4-5　職業計の求人・求職の賃金状況

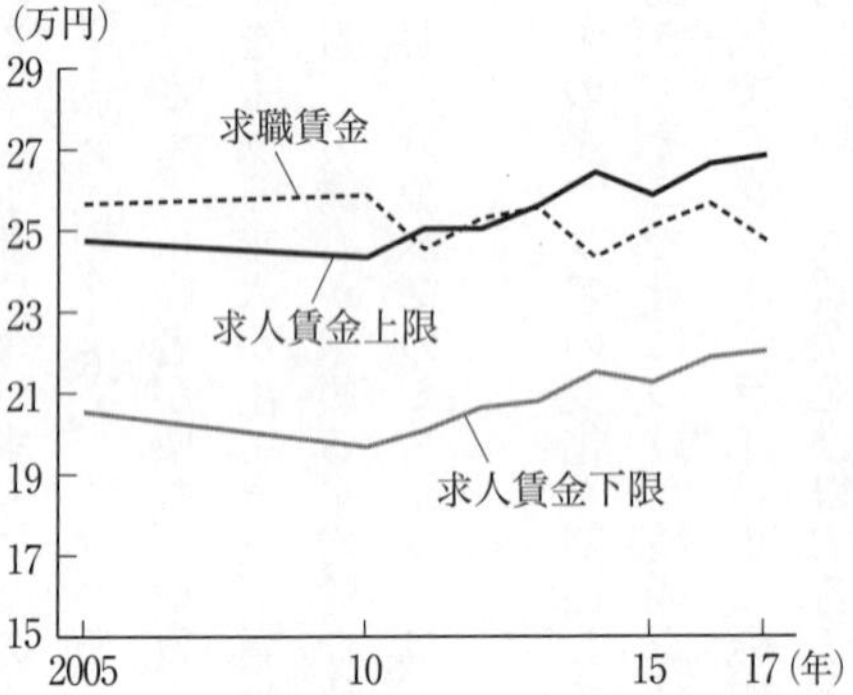

出所：東京労働局のデータ(賃金状況・常用，各年4月の状況).

図 4-6　自動車運転の職業の求人・求職の賃金状況

アを描けなくなった。

要するに、同じ時期にトラックだけでなく、バスやタクシーといった他の運転職の賃金水準も低下していった。それゆえ、運転職としてのキャリア展望を見出しにくくなり、若年労働者を惹きつけることが難しくなったと考えられる。

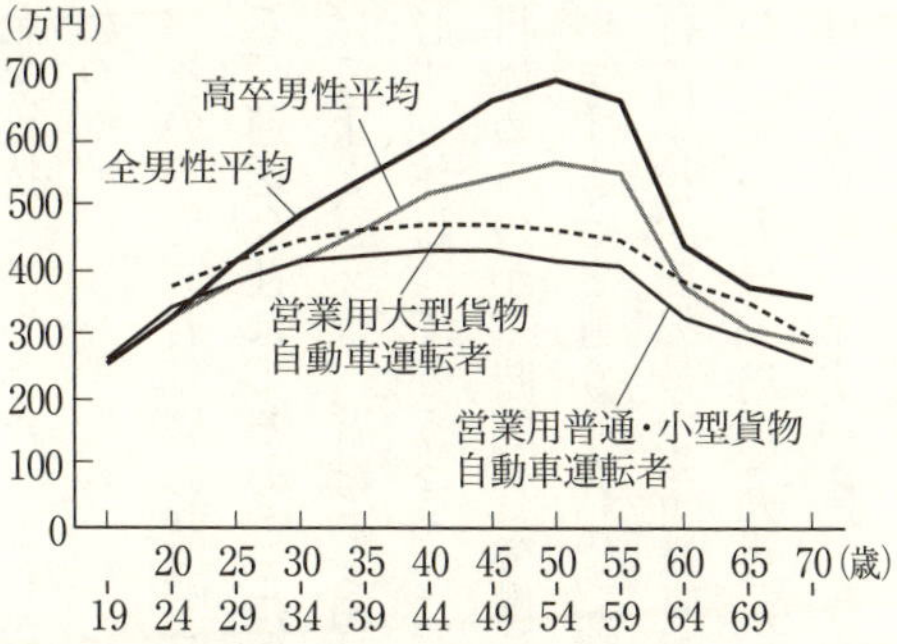

注：年収は「決まって支給する現金給与額」×12＋「年間賞与その他特別給与額」で求めた.
出所：厚労省『賃金構造基本統計調査』2016年.

図4-7　年収カーブの比較

とはいえ、賃金を年代別にみると、二〇代に限れば今日でもドライバー(大型)の賃金水準は全男性平均を上回る(図4-7)。例えば、大型のドライバーの年収は、二〇代前半には全男性平均の一・一五倍であり、かつ三〇代半ばまでは、高卒男性の平均年収よりも高い。若者にとっては、依然として「稼げる仕事」であることは間違いない。

ただし、こうした若年期の相対的な高賃金も、以前とは様相が異なる。例えば一九九〇年、大型トラックドライバーの二〇代前半の年収は、全男性平均の一・二倍であり、三〇代に入るまで相対的な高賃金を維持できていた。それが今では、二〇代後半には全男性平均に追い抜かれてしまうようになった。

そのうえ、若年層の意識も以前とは変わり、もはや賃金の高さだけで採用できなくなっている。運送会社は、そのことに頭を悩ませている。例えば、北海道の事業者は「うちに来れば稼げるよと言えば、昔はある程度入社してくれる若者がいたんですよ。でも今では、あちらから必ず「休日ってどうなっているんですか」って聞かれるんですよ。最初に給料を聞かずに、土日休めるのか、時間外(労働)はないのかって聞いてくるんですよ、今の人は。意識がまるで違いますよ」と言う。九州の運送会社も「年配のドライバーたちは、給与をはずめば、長距離運行(例えば、鹿児島から東京まで六日間かけて往復する)も嫌がらずにやってくれるんですよ。でもね、若い人は、島内(九州)から絶対に出ないですよ。その日のうちに家に帰れないのは嫌だとはっきり言いますから」と話す。

統計データからも、そうした労働者の意識の変化を確認できる。厚労省の『雇用動向調査』には、転職して新たな職に就いた労働者に対し、前職を辞めた理由をたずねる項目がある。それをみると、主な離職理由として「定年、会社都合、契約期間の満了」「仕事内容が不満」「給与等収入が少ない」とともに、「労働時間・休日等の条件が悪い」が挙げられている。この調査の結果を時系列に並べてみると、二〇〇〇年代前半まで、仕事を辞める理由は、労働時間よりも給与の割合が高かった。だがその後、労働時間を挙げる比率が徐々に上がっていく。二〇一〇年代には、給与と労働時間がほぼ同等、あるいは労働時間の方が上回るようになる。つまり労働者は、賃金以上に労働時間を重視するようになりつつあり、それが転職行動にも表れている。こうした意識変化の背景には、共働き家庭の増加といった社会構造の変容もあると考えられる。

3 「適正な料金」に向けて

転換期となった二〇一三年

政府は、日本の物流政策の方向性を示すために、数年おきに『総合物流施策大綱』を発表している。二〇〇九～一三年の大綱までは、国際競争力のある物流や環境負荷を減らした効率的な物流システムの実現といった内容でほとんどが占められていた。そこにドライバー不足の対策は、入っていなかった。

しかし、二〇一三年六月に閣議決定された『総合物流施策大綱二〇一三～二〇一七年』で、突如として「物流を支える人材の確保・育成」という項目が加わり、「職場環境を整備・改善し、物流の現場を支えるトラック運転者の確保を図る」ことが謳われた。それ以後、「人材の確保・育成」に向けて、矢継ぎ早に政策が打たれていく。

なぜ、二〇一三年に発表された大綱に「人材の確保・育成」の項目が入ったのだろうか。かねてより国交省は、トラック業界の中長期的な人手不足に懸念を抱いていた。二〇〇八年九月には、それに警鐘を鳴らす報告書を発表した(国交省自動車交通局貨物課『輸送の安全向上のための優良な労働力(トラックドライバー)確保対策の検討』二〇〇八年)。これは、今後の国内貨物量やトラック輸送量、必要となるドライバー数、トラックドライバーの需給などを予測し、中期的にトラックドライバーがどれほど不足するか算出したものである。結論として、標準的な経済成長を続けた場合、二〇一五年段階で一四・一万人、当時の事業者数で平均すると一事業者あたり二・三人、トラックドライバーが足りなくなるという試算が示された。

これはその後、トラック業界の「二〇一五年問題」と呼ばれるようになる。この報告書の発表とほぼ同時にリーマン・ショックが起き、景気悪化を原因として人手不足はいったん緩和されたものの、二〇一二年末には「貨物自動車運転者」の新規有効求人倍率が一・四二となり、二〇一四年には再び二・〇を超える。

先の報告書で国交省は、他業界との賃金格差を縮小させるなどの対応をとることで、人手不足をある程度解消できると主張した。しかし、その後も賃金格差は維持され、まるで推計結果に沿うかのように、ドライバーが足りない状況が進行した。

政府の方針転換には、関係する組織や団体からの働きかけも一定の影響を及ぼしたと思われる。この大綱が発表される前を振り返ってみると、二〇一二年一二月二六日に第二次安倍内閣が発足し、国交大臣に太田昭宏が就任している。その出身政党である公明党の石井啓一政務調査会長（現・国交大臣）らは、二〇一三年二月二一日、首相官邸で菅義偉《すがよしひで》官房長官に会い、原油価格の高騰への対策を早急に講じるよう政府に申し入れた。そのなかで、トラック業界の「過当競争」にも触れ、「運賃低下などを防ぎ、荷主適正取引を推進するため、経団連をはじめ荷主団体などへの協力要請」を求めたという記録が残されている。さらに二〇一三年四月二四日には、公明党の内部に「トラック問題議員懇話会」が設立され、そこに参加した議員らは全ト協から要望書を受け取り、業界の状況について説明を受けた。

全ト協は、それ以前からロビー活動を積極的に行ってきた。労働問題に限らず、高速道路料金の割引制度の導入、自動車関係諸税の軽減、原油価格高騰対策など、様々な要望を時の政権に提出してきた。各政党の機関紙などの情報に限ってみれば、そうした要請に対して、公明党は他党よりも敏感に反応し、積極的に取り組んでいった。

また、経団連は、二〇一三年四月一六日に「次期総合物流施策大綱に望む」という文書を発表している。この文書では、それまで策定されてきた大綱の「内容が網羅的・総花的」であること、「施策間の優先順位づけの考え方が不明確」であることが指摘されている。そして重視すべき事項の一つに「安全・安心につながる施策と構造的な課題への対応」を挙げ、「人材の育成」「高齢化への対応」などを検討するよう促した。

この文書は、トラック業界において過度な競争による企業体力の低下が起きていることに触れ、政府に最適化施策を求めるとともに、若年労働力の確保に向けて、自動車免許の制限緩和、過当競争を解消するための規制の見直しが必要だとも述べている。

こうしたいくつかの働きかけが大綱に反映され、政府がトラック業界の労働問題に本格的に取り組むきっかけを作った可能性が高い。

いかにして「再配達」は社会問題となったのか?

二〇一三年の大綱に基づき、同年九月には「総合物流施策推進プログラム」が策定された。その柱の一つとなったのが、宅配便の「再配達問題」だった。国交省は、二〇一三年七月一日に物流審議官のポストを新設し、そこで宅配便の再配達問題を検討することにした。この当時、ネット通販が急速に拡大していくなか、宅配便取扱個数の増加に伴って再配達個数が増加し、宅配業者の間で深刻な問題となっていた。

国交省は、二〇一三〜一五年度に再配達の実態を把握したうえで、一五〜一七年度に再配達の削減に向けた方策を検討することを決め、すぐに検討会を立ち上げた。宅配業者、通販会社、コンビニ、ロッカー会社などの関係者が集められ、ヒアリング調査とアンケート調査が実施された。大手宅配業者であるヤマト運輸、佐川急便、日本郵便の三社を通じて、再配達を利用した消費者へのアンケート調査も行われた。

調査の結果、二〇一四年一二月時点で、宅配貨物全体のうち、不在再配達が約二割にのぼることが明らかになった。その後、検討会では再配達の要因分析がなされ、どのようにして再配達を減らせるかが議論され、報告書にまとめられた（国交省『宅配の再配達の削減に向けた受取方法の多様化の促進等に関する検討会報告書』二〇一五年）。

宅配便の約二割が再配達されているという事実は、国交省の発表により、広く世間に知れ渡ることとなった。国交省の試算によると、この二割分をドライバーの労働時間に換算すると、年間一・八億時間に相当し、また労働力に換算すれば、年間九万人（トラックドライバーの約一割)にあたる。それまでごく気軽に利用してきた宅配便の再配達が、それほど巨大な社会的損失を生んでいる事実に、私たち利用者は衝撃を受けた。「再配達」は一気に社会問題となり、ドライバーの労働問題も大きな関心を集めるようになった。

宅配便の再配達は、無駄に車両を走らせることによる二酸化炭素の排出といった環境の視点からも問題にされた。国交省は、従前から「グリーン物流」を標語に掲げ、物流業界におけるCO_2の排出量の削減に取り組んでいた。調査によると、宅配便の約二割にあたる再配達が生み出すCO_2の排出量が年間約四二万トンにのぼると試算され、それはJR山手線の内側の約二・五倍の面積の杉林が吸収する量だと説明された。

その後、経産省が、二〇一七年に省エネ法(エネルギーの使用の合理化等に関する法律)の見直しを提言する。従来の省エネ法の規制対象は、「運輸部門」においては運送会社と荷主企業で、ネット通販業者は必ずしも「荷主」に該当していなかった。経産省は、通販業者が省エネ法の規制に服していないことを問題とし、対象を拡張する方針を示した。このように環境面からも再配達を減らすよう、省庁を超えた圧力がかかるようになった。

ところで、宅配便の再配達は、宅配業者にとっては古くから存在してきた問題である。しかし、この時点までは社会問題とは捉えられておらず、各業者が企業努力によって解決すべき課題だと考えられていた。

再配達が増え始めたのは、共働き世帯や単身世帯が増加していく一九九〇年前後と思われる。近年、話題にのぼる個人宅の宅配ボックスも一九九〇年代初頭に、すでに売りに出されている。この頃から、日中必ず誰かが在宅しているような家庭が減り、それとともに再配達が増大していったと考えられる。

だが当時は、宅配業者が留守宅の荷物を近所に預ける習慣が残っていた。しかし、地域のつながりが薄れていくとともに、私たちはそうした習慣を拒むようになっていく。荷物を預けられた主婦が、「留守でしたら、いったん持ち帰り、夜また配達をしたらいかがですか」といった不満を新聞に投書しているのを複数確認できる（『朝日新聞』一九八八年五月五日、五月一四日など）。

このような社会変化に対応しようと、宅配業者は努力を重ねてきた。例えばヤマト運輸は、一九九八年に配達時間帯を五段階に分けて選択できる制度を導入している。当時、同社は消費者の時間についての要望に応えるためと説明したが、再配達のコストを減らすためでもあった。時間指定サービスは、すぐに他社に広がった。佐川急便は、一時期、配達時間帯を一三段階まで細分化し、必ず荷物を受け取ってもらえることを目指した。

さらに携帯電話が普及し始めると、ヤマト運輸はドライバーズ・ダイレクトを採り入れ、よりスムーズな集配を可能にしようとした。利用者がドライバーと直接電話で話す仕組みもまた、すぐに他社へと波及していった。さらに今日では、情報通信機器を用いて、利用者自身が柔軟に配達時間を指定したり、変更したりできるようにサービスが拡充されている。こうした努力は、利用者の利便性を向上させると同時に、各社の再配達減少に向けた取り組みでもある。

一方、労働現場では、再配達を減らすことが、ドライバーの評価に直結してきた。再配達が減れば、限られた時間内で配達する荷物数を増やすことができる。それは、ドライバーの収入増につながる。今やドライバーたちは、担当区域の各世帯の在宅率はもちろん、宅配ボックスの有無、大きさ、通常の空き状況まで把握し、より効率的な配送を目指している。

しかしネット通販の急激な拡大は、こうした企業ごとの取り組みや、ドライバーの頑張りだけでは追いつけないほどに、再配達を増加させていった。それにより、物流が滞る事態にまで発展した。そこで、政府が再配達問題に取り組み始めたのである。

行政、荷主、運送事業者、労働組合が話し合う

この時期、トラック業界にもう一つの大きな困難が襲った。消費税増税前の駆け込み需要で

ある。二〇一四年四月一日、消費税は五%から八%に引き上げられた。まず二〇一四年一〜三月期に、住宅、自動車、家電製品などの耐久消費財の需要が先行して膨らみ、三月半ば以降に食品や日用品の買いだめが起こることが、事前に予想された。食品、調味料、飲料水などのメーカー各社は、配送用トラックの手配を前倒しで進めた。にもかかわらず、輸送量の飛躍的な伸びにより、車両が手配されなかったり、遅配が起きたりした。スーパーなどの量販店の配送センターでは、商品を運ぶためのトラックがずらりと並び、四〜五時間にわたる荷卸し待ちが発生した。家電製品の配送は、増税後の四月以降にずれ込むケースも多くみられた。三月は、運送会社にとって引越しシーズンと重なるため、ただでさえ人手不足に陥りやすい時期である。当時は、景況感の改善により、企業の人事異動が増加し、引越し件数も多かった。

消費増税に伴う物流の混乱が表面化し、トラック業界の人手不足という課題がますます浮き彫りになった。

二〇一四年四月、国交省は物流問題調査検討会を設置し、トラック業界の労働力不足対策に本腰を入れて取り組むことを表明した。人手不足問題については、短期的な需給ギャップだけでなく、中長期的かつ構造的な観点から向き合う必要があると述べられた。

国交省は、二〇一五年四月に「トラック輸送における長時間労働の抑制に向けたロードマップ」を公表する。それによれば、まず二〇一五年度に関係者が労働時間の短縮策を話し合う場（協議会）を設置する。あわせて同年のうちに、ドライバーの労働実態を調査・検証することも決まった。さらに、二〇一六年度から一七年度にかけて、労働時間縮減のためのパイロット事業（実証実験）――専門家のアドバイスのもと、荷主と運送事業者が協力してドライバーの労働時間の短縮に取り組み、改善事例を集めていく――を実施することになった。最終的に、二〇一八年度までにガイドラインを策定し、長時間労働の改善策を普及させ、定着させていくという計画が組まれた。

この二〇一五年四月の計画に従い、国交省はさっそく翌月に「トラック輸送における取引環境・労働時間改善協議会」を設置している。この協議会は、行政（厚労省・国交省）、荷主、運送事業者、労働組合、学識経験者らが参加して、トラック輸送の現場における労働環境をいかにして改善していくかを検討するものである。

この協議会は、中央（東京）のみならず、各都道府県に一つずつ設けられた。つまり、それぞれの地域で活動している関係者が地元で集い、実態に沿った具体的な対策をとっていくことが促されたのである。

この協議会が設置された背景には、人手不足とは別の理由もあった。それは、労基法改正である。政府は、二〇一五年四月に労基法改正案を閣議決定しており、そのなかに中小企業での時間外労働に対する割増賃金の見直しが盛り込まれた。二〇〇八年に改正された労基法により、月六〇時間を超える時間外労働には、通常の労働時間の五割以上の率で計算した割増賃金を支払わなければならないことが規定されていた。しかしこの時点では、五割以上という特別な割増率は中小企業には適用されないことになった。その猶予措置を二〇一九年四月に廃止することが、二〇一五年四月の閣議決定で決まったのである。ただしこの労基法改正案は、いったん廃案となり、二〇一八年六月に成立した。その結果、中小企業への適用は、二〇二三年四月一日から行われることになっている。

割増賃金率の引き上げが実施されれば、労働時間が長い中小企業は、以前よりも多くの賃金を支払わなければならなくなる。そこで二〇一五年当時、まずは「関係行政機関や業界団体等との連携の下、長時間労働の抑制に向けた環境整備を進めることが適当である」との考えから厚労省と国交省が共催して、関係者が参加する協議会を立ち上げる運びとなった。とくにトラック業界では、労働組合からの強い働きかけがあり、中央のみならず全国各地に協議会が設置された。

この協議会の名称には「改善」すべきものとして、「労働時間」と並んで「取引環境」が掲げられた。労働時間を短縮するには、運賃や商慣行の見直しが不可欠だという意味が込められている。こうした流れに沿って、二〇一九年までにトラック業界の関係者は一丸となり、長時間労働を是正していく取り組みを始めることになった。

中央協議会を例にとれば、初会合では、全ト協や運送会社、労働組合が、過酷な労働実態と事業者の苦しい実情を次々と訴えた。「荷主事業者の都合によるキャンセルや変更に伴う費用負担が、トラック運送事業者に重くのしかかっている」ことや、「契約にない附帯作業をやらされるケースが多い」こと、「トラック運送事業の利益をみると、六三%が経常赤字」であることなど、悲鳴とも言える意見が重ね重ね述べられた。そのうえで「こういう機会をもって、トラックドライバーの労働実態が正式に机上にのぼり、世間に「こんなに酷い」というところまで認めてもらうことにより、ようやく改善に進むのではないか」と協議会に期待を寄せる声が上がった。

国交省は、ドライバーの労働実態を把握することが不可欠だと考え、二〇一五年九月に全ト協を通じて、トラック事業者およびドライバーにアンケート調査を実施した。

このアンケート調査の協力依頼文書には、異例ともいえる文言が並んだ。国が実施する調査と聞けば、回答するドライバーや事業者は、行政処分や指導の対象となることを恐れ、長時間労働の実態をありのままに書かないことが予想された。そのため国交省は、自動車局貨物課長名で、「厚生労働省も、国土交通省も、調査結果を見て監査に入ったり、個別の事業者名を公表するということは絶対にいたしませんので、安心してご回答ください」、「実態よりも問題のない内容で多くの回答がなされた場合、「トラック業界の労働環境は日頃言われていることとは違って実際には問題ないものなのか」と認識されてしまいます」、そうすれば「改善のチャンスを逃してしまうことになります」といった文章を書き連ね、最後に「ありのままの状況をご回答いただけますよう、重ねてお願い申し上げます」と結んだ。

この文書からは、トラック業界で一体何が起きているのか、労働実態を正確に把握しようとする意気込みが感じられる。なお、この協議会には、厚労省から労働条件政策課が参加した。労働基準の監督指導を主管する監督課は、違法な労働実態を把握した場合、監督指導に入らないわけにはいかない。そのため、労働条件政策課は、このアンケート調査で把握した労働実態の情報を、監督課には決して漏らさないことを約束したという。このアンケートの結果は、二章でその一部を紹介した。

適正な「料金」を求める動き

中央協議会では、運送会社と労働組合が、現状の労働実態を是正するには、運賃の適正化が不可欠だと強く主張した。それを受けて国交省は、中央協議会の下に「トラック運送業の適正運賃・料金検討会」を立ち上げ、わずか一年で諸料金を規定する標準約款の改正を決めた。

議論の経過を簡単に紹介しよう。検討会では、トラック輸送の価格を運送の対価である「運賃」と、運送以外の役務(荷卸しや待機など)の対価である「料金」とに区分けし、後者に手をつけようとした。

まず検討会は、アンケート調査を実施し、多くの運送会社が運賃と別立てで料金を収受できておらず、料金が十分に支払われていない事実を明らかにした。調査によれば、運送以外の役務の代金を「運賃に含む形で収受」していると回答する事業者が一定数いるものの、それらについても、「実際はもらえていないけど仕方なく運賃に含んでいることにして回答している事業者もいる」「中小事業者ほど運賃とそれ以外の料金の切り分けができていない」といった意見が立て続けに示された。

調査は、仕事を請け負うにあたり、書面で契約を取り交わさずに「口頭契約のみ」としている事業者が一〇%、「書面による契約と口頭契約の場合がある」と回答する事業者が二一・四%

存在していることも明らかにした。これにより、曖昧な業務契約が、料金を適正に収受できていないことにつながっていると指摘された。

アンケートでは、「安全対策費」「環境対策費」「人件費」について、それぞれの費用を「十分にまかなえるだけの、十分な「支払い」を取引先からいただいていると思いますか」とたずねている。その回答をみると、各項目の費用を十分に受け取っていると回答した事業者は、それぞれ二六・五％、二五・二％、二一・三％に過ぎない。全体の七〜八割の事業者は、現状の「支払い」額では、「最低限の対策しかできない」もしくは「最低限の対策すらできていない」と答えた。

ではその結果、具体的に何ができなくなっているのか、という問いに対しては、車両などへの設備投資七一・五％（「最低限の対策しかできない」もしくは「最低限の対策すらできていない」と回答した事業者のなかでの割合。複数回答、以下同じ）、ドライバーの安全教育三〇・三％、仮眠施設などへの設備投資二四・〇％、ドライバーの社会保険・労働保険への加入七・一％、従業員の健康診断六・一％と並ぶ。

つまり調査からは、低運賃と料金の不収受の結果、法律上義務づけられている社会保険などに未加入であったり、従業員に健康診断を受けさせなかったりする事業者が少なからず存在することが分かる。逆に言えば、本来負わなければならないこれらのコストを負担しないことで、より安い運賃によって仕事を請け負っていることが示された。

そうした低運賃では、環境対応車への入れ替えや従業員の賃金アップが難しいと七割の事業者が答え、新たなドライバーの雇用についても五割の事業者ができないと述べた。さらに、在籍する従業員の雇用の維持さえも、四割の事業者は困難だと回答している。

検討会では、まず法令遵守に問題のある業者を取り締まり、過剰に運賃が安い業者を排除することが重要だと議論された。だが、それには中長期にわたる対策が必要となる。そのため、短期的に対応可能である運賃以外の料金を、運賃とは別枠で請求できる仕組みを導入する検討が進んでいった。

そして二〇一七年八月、国交省は「標準貨物自動車運送約款(以下「標準約款」と略す)」の改正と、契約の書面化のガイドラインを発表した。改正された標準約款には、運送以外の役務の対価として「積込料」「取卸料」「待機時間料」「車両留置料」などが定義され、運賃とは別立てで、それぞれの対価を支払うことが規定された。

標準約款とは、国交省が示すトラック事業者と荷主との契約書のひな形であり、取引の基本的なルールを定めるものである。運送事業者は、あらかじめ運送約款を決めて国交省に提出し、認可を受けることになっている。しかし、標準約款をそのまま使えば、認可を受けたものとみなされる。それゆえ、多くの業者が標準約款を使用している。こうした状況から、今回の改正は、大きな影響力をもつことが予想された。

実際、標準約款の改正を受けて、例えば日本通運では、二〇一七年一一月から運転手が発着いずれかの荷主側の施設で荷物の積み卸しのために一定時間待たされた場合には、超過料金を請求することを決めた。加えて日曜や祝日に配達を指定した貨物については、追加の配達料を収受することを表明した(『日本経済新聞』二〇一七年九月二二日)。

ただし、課題も残されている。その一つが、着荷主との関係である。契約を締結する発荷主から、これらの料金を収受することは比較的スムーズに進むかもしれない。だが、契約関係にない着荷主のところで発生した役務の対価を収受することは容易でないと推測される。日本通運のケースのように、原則として運送会社は、発着いずれかの荷主の要請により生じた役務に対しても、その代金を請求できるはずである。だが、そうした商慣行が一般化するには、まだ時間を要すると予想される。

現場で働くドライバーたちも、不安の声を上げている。「市場関係の荷物だと、例えば築地に行ってから大田市場に寄って、新宿に回るとかあるんですよ。今の市場の状況をみたら、すべての行き先、行き先で、待機なくやれるかって言ったら、そりゃあ不可能ですよ。しかも一カ所卸しじゃないでしょ。どうやって「着」に請求するのかとか、きちんと話し合われていないんですよね」。

4 運賃が先か、賃金が先か

適正な運賃と賃金の取引

トラック業界の関係者からは、料金の収受が実現した次の段階として、運賃の適正化に大きな期待が寄せられた。しかし、検討会の議事概要によれば、運賃の適正化に向けた論議は難航し、その動きは現時点まで本格化していない。その最大の理由は、独占禁止法に抵触しかねないためである。

独占禁止法は、三条において「不当な取引制限」を禁止している。すなわち商品の価格や販売量などは、事業者が自主的に決定すべきこととされ、事業者同士や業界団体が連絡を取り合い、共同で取り決める競争制限行為(カルテル)を禁じている。

実際、二〇一七年七月には、大手百貨店がお中元やお歳暮などのギフト商品の配送料金を引き上げるカルテルを結んだ疑いがあるとして、公正取引委員会の立ち入り検査を受けた。宅配業者による配送料金の値上げを受けて、大手百貨店が値上げの幅や時期を協議し、足並みをそろえて値上げに踏み切ったという疑いである。公正取引委員会は、大手百貨店五社に対し、課徴金の納付を命じた。

労働組合も、賃金の引き上げや労働条件の維持・向上のためとはいえ、企業横断的に運賃を引き上げる行動をとることはできない。そのため労使ともに、運賃の「値上げ」が必要だと感じていても、あくまでも運賃の「適正化」を求めてきた。

確かに、カルテルなどの行為は、市場メカニズムを歪める。消費者の利益を確保する観点からも、事業者の創意工夫を促す観点からも問題が大きい。他方で、自由な競争の結果として低価格競争が生じ、社会保険から脱退したり、違法な長時間労働を黙認したりする事業者が存在してきたのが、トラック業界の実態である。つまり独占禁止法という法律を遵守する一方、労働に関わる法律は半ば公然と破られてきた。それは自由競争が優先され、労働者の権利が二の次になってきた帰結とみることもできる。法体系が相互にこうした矛盾を内包していることに留意する必要がある。

今回、国交省がとった政策は、適正な運賃を確保するために、適正な取引関係を構築することである。多層的な下請け構造のもと、荷主が強大な価格決定権を持つ現状では、適正な運賃の獲得は難しい。そこで取引条件を改善させるための会議体をつくり、議論を進めている。

アベノミクスの一環として、政労使は二〇一四年一二月に「経済の好循環の継続に向けた政労使の取組について」という合意を結んでいる。そのなかに、「賃金上昇等による継続的な好循環の確立」という項目が置かれ、そこには「デフレ脱却を確実なものとするためには」、「取引企業の仕入れ価格の上昇等を踏まえた価格転嫁や支援・協力について総合的に取り組む」と記されていた。

この合意が根拠となり、二〇一七年三月に「トラック運送業における適正取引推進、生産性向上及び長時間労働抑制に向けた自主行動計画」が策定され、コスト負担の適正化、下請け事業者の原価を考慮した運賃・料金の設定、契約書の書面化、支払い条件の適正化などに取り組むこととなった。その一つとして、「多層化取引に係る取引適正化」という項目が盛り込まれた。そこには「適正取引確保や安全義務の観点から、すべての取引について、原則、二次下請までに制限する」との記載がある。すなわち「荷主⇓元請⇓一次下請⇓二次下請」までは運送委託が認められるものの、それ以上の下請けをなくそうというのである。

二〇一七年九月には、経団連、日本商工会議所、経済同友会など全国一一一の経済団体が、

資料4-1　長時間労働につながる商慣行の是正に向けた共同宣言

1. 関係法令・ルールの遵守に加え，取引先が労働基準関連法令に違反しないよう，配慮する.
2. 発注内容が曖昧な契約を結ばないよう，契約条件(発注業務・納期・価格等)の明示を徹底する.
3. 契約時の適正な納期の設定に加え，仕様変更・追加発注を行った場合の納期の見直しなどに適切に対応する.
4. 取引先の休日労働や深夜労働につながる納品など，不要不急の時間・曜日指定による発注は控える.
5. 取引先の営業時間外の打ち合わせや電話は極力控える.
6. 短納期・追加発注・高品質など，サービスの価値に見合う適正な価格で契約・取引する.

出所：日本経済団体連合会「「長時間労働につながる商慣行の是正に向けた共同宣言」の公表について」2017年9月22日.

連名で「長時間労働につながる商慣行の是正に向けた共同宣言」を発表した。下請けいじめや深夜労働につながる旧弊、労働基準を逸脱するような商慣行などを見直し、自社のみならず取引先についてもそうした違反が起きないように配慮することを謳ったものである(資料4-1)。

国交省は、かねてよりトラック運送業の競争環境に関わる枠組みづくりに取り組んできた。しかし近年は、国交省のみならず、公正取引委員会、内閣府、厚労省、経産省、中小企業庁などからもメンバーが参加し、省庁の枠を越えた取り組みが進んでいる。こうした行政機関の連携は、規制力の強化につながる可能性がある。すなわち、国交省は、以前から、荷主や事業者に「適正取引」「適正運賃」「改善基準告示の遵守」などを訴えてきた。しかし、現在では、そうした文書に、国交省と並んで公正取引委員会や厚労省の名前が入る。それは小さな変化のようでも、荷主や事業者には「独占禁止法に抵触するのではないか」「労基署や過特(過重労働撲滅特別対策班)の査察対象になるのは避けたい」といった圧力になり、実効性を高めているようである。

適正な運賃とは何か

以上にみた取り組みの結果、適正な取引のもと適正な運賃を収受する環境が、近年、急速に整いつつあるようにみえる。だがそもそも「適正な運賃」とは、何だろうか。現場からは、「「適正な運賃を収受しましょう」と言われてもさぁ、もはや何が適正なのかさえ、分からないよ」という声が多数聞こえてくる。

現在のトラック運送業では、運賃に関わる規制は実質的に存在しない。例えば九州から東京まで大型トラックで野菜を輸送する場合、その最低運賃は△△円とか、標準運賃は□□円といった基準は一切ない。運賃は、運送事業者と荷主が交渉して決定する。

交渉で運賃を決めるにあたり、「適正さ」を担保するには、何よりも原価割れを起こさない価格にすることが重要となる。国交省などが実施した調査によれば、現行の運賃は原価計算がなされないままに決定されており、その結果、原価割れ運賃が発生している。そこで、国交省も全ト協も、事業者に対して原価計算に基づく運賃交渉を呼びかけ、原価計算の方法についてセミナーを開いてきた。全ト協のホームページ上には、原価計算シートが掲載され、費用の算出方法が丁寧に解説されている。

一般貨物自動車運送事業の場合、主な原価は、運行に直接関わる費用と間接的に関わる費用とに分けられる。直接経費は、燃料費、車両の修繕費や減価償却費、車両にかかる税金や保険料、ドライバーの人件費などである。間接経費は、管理業務に関わる費用、例えば運行管理者や整備管理者の人件費、事務所の維持費などである。それぞれの費用は、一キロメートルあたりの燃料費×走行距離で燃料費を求めるといったように、手間はかかるが、条件にそって計算していくことで算出できる。こうした費用を一つずつ積み上げ、そこに利益を加味すれば、適正な運賃が導き出される。実際に国交省や全ト協の資料には、原価計算に基づいた運賃交渉の結果、運賃の値上げに成功したケースがいくつも紹介されている。

適正な運賃を実現するために、こうした原価計算が肝要であることは疑いない。しかし、なぜこれまでトラック業界では、原価計算に基づいて運賃を交渉するという、ごく当たり前のことがなされてこなかったのだろうか。事業者が原価計算のやり方が分からなかったこと、そもそも原価計算をすること自体を知らなかったことが、その理由だろうか。

そうではないだろう。トラック業界では原価を積み上げて運賃を計算するのではなく、むしろ決定された運賃から原価が計算されてきたのではないかと推測される。一九九〇年代、運賃が低下していき、それと反比例するかのように燃料価格が上昇していくなか、個々の事業者は、どうやって原価割れを起こさずに、事業を継続できるか必死で考えたに違いない。原価のうち固定費とされる燃料費や道路使用料などは、せいぜい高速道路を利用せずに一般道を走るくらいしか手の打ちようがなく、大きく引き下げられない。そこで柔軟に取り扱われたのが、人件費だった。しかも平均的な貨物運送の経費において、人件費は約四割を占め、最大の構成要素である。賃金の低下は、原価の軽減に大きく貢献したと思われる。そして賃金を引き下げるだけでは対応しきれない部分、例えば支払われない附帯業務などは、ドライバーの「サービス労働」でまかなう慣行が広がった。運賃のあり方は、ドライバーの働かせ方にも影響した。

以上のように、トラック業界では、原価を積み上げて運賃が決まってきたのではなく、運賃が決定してから、それに合わせて原価が決まっていた。それは事業者が、原価計算の方法を知らなかったためというよりは、価格交渉力を持ちえず、原価計算をしたところでそれを反映した運賃を獲得できる見込みがなかったためである。

同じく書面での契約締結も、運送会社が望んだとしても困難であった。「荷主から「そんな面倒くさいこと言うんだったら、運送会社変えるから、それでいいでしょ」って言われて(交渉が)終わっちゃうよ」という声が数多く聞かれる。

そうした商慣行により、トラック業界の賃金水準は下がり続け、労働負荷の高さもあって人離れが続き、気がついたときには深刻な人手不足に陥った。現行のサービスの維持が厳しくなり、業界の持続可能性すら危ぶまれるに至った。「このままでは物流が止まる」という危機感から行政が介入し、運賃の適正化を声高に叫び、ようやく価格決定権が荷主から運送会社へと移りつつある。その結果、どうにか原価に基づく運賃を求める素地ができてきた。

地域別最低賃金と特定最低賃金

原価計算に基づく適正な運賃の実現は、荷主によって提示された運賃がドライバーの賃金を規定してきた状況から、ドライバーの賃金を含めた原価が運賃に反映される状態への転換だとみることができる。そこで、次に検討されるべきは、適正な賃金とは何かであろう。原価のなかでも、企業外的要素である燃料費や道路通行代金などは固定的であるのに対し、企業内的要素である賃金は調整可能であり、弾力的に取り扱われやすいためである。

適正な運賃の金額を示すことが難しいように、適正な賃金額を簡単に示せるわけではない。しかし賃金には、一つの明確な基準が存在する。それは最低賃金制度である。毎年、都道府県ごとに時間あたりの最低賃金額が定められており、それを下回る賃金は無効とされる。つまり、ドライバーに最低賃金を支払うことができない運賃は、適正でないことは明らかだ。

ただし、最低賃金額の基準となる「時間あたり賃金」は、適正な労働時間管理のうえに成り立つ。時間あたり賃金とは、賃金総額を総労働時間で割ったものであるため、総労働時間を適正に管理していなければ、最低賃金が遵守されているのかどうかは、はっきりしない。仮に労働時間が、実労働時間よりも短くカウントされていれば、時間あたりの賃金額は高く示される。したがって、適正な賃金の確保には、適正な労働時間管理が必須である。

そのうえで、最低賃金さえ遵守すれば、適正な賃金が担保されたと言えるのかということが、次の問いになる。トラックドライバーの仕事に就くには、大型免許や中型免許の取得が必要であり、それには三〇万〜四〇万円ほどの費用がかかる。労働者自らがその費用を負担し、免許を取得するのであれば、労働者はそこで投資した分を賃金によって回収できなければならない。そのため、無資格で就ける一般的な職よりも賃金を高くしないと、この業界は労働力を確保しにくくなる。

実は、最低賃金制度には二つの種類がある。すべての雇用労働者に適用される地域別最低賃金制度と特定の産業や職業ごとに定める特定最低賃金制度である。後者では、地域別最低賃金を上回る水準を設定することができる。全国で唯一、トラック運送業の最低賃金を定めているのが、高知県だ。同県では、一九七〇年代半ばから道路貨物運送業の最低賃金を設けてきた。二〇一七年現在、そこでの地域別最低賃金は七三七円であるのに対し、「一般貨物自動車運送事業」の最低賃金は九一〇円である。つまり、トラックドライバーの最低賃金は、一般労働者よりも一・二倍高い。

ちなみに、地域別最低賃金は、とくに二〇〇〇年代後半から全国的に引き上げられてきた。高知県では、二〇〇五年の六一一円から二〇一七年の七三七円まで上昇している。他方で、同県の一般貨物自動車運送事業の最低賃金は、一九九九年に九〇二円から九一〇円に引き上げられて以降、据え置かれている。二〇〇五年時点では、トラックドライバーの最低賃金は、一般労働者の一・五四倍であり、両者の差は地域別最低賃金の引き上げにより縮小している（労働調査会『最低賃金決定要覧』各年版）。

ここで強調したいことは、適正な賃金額が一体いくらなのかという点ではなく、賃金は運賃とは違い、最低基準を定めることが許されているという点である。それは、前述の地域別最低賃金や特定最低賃金といった法制度に基づくものにとどまらない。労働組合が企業内最低賃金や年齢別最低保証賃金を使用者側と締結したり、企業横断的に産業レベルの最低・標準賃金額を提示したりする形もありうる。言い換えると、事業者は他社と共同して一斉に運賃を引き上げることはできないが、一斉に賃金を引き上げることはできる。すなわち、運賃はカルテルを結べないが、賃金は合法的にカルテルを行いうる。

運賃の適正化を実現するために、そして事業の公正な競争を確保するために、この仕組みを利用することは有効であろう。つまり、人手不足を解消するためにも、運賃を引き上げていくためにも、業界全体で賃金を上昇させ、それを通じて運賃の値上げを求めていく。しかしながら、企業は、業務量の繁閑差が大きいなかで、賃金水準が高く固定されることは回避したいと考えがちである。それゆえ全ト協は、最低賃金の引き上げや特定最賃の導入について、一貫して慎重な立場をとってきた。

フラットな賃金カーブから脱することができるか

労働者にとって賃金とは、生活を長期的に支えるものである。そのため、短期的にいくらもらえるかという点だけでなく、長期的にどう変わっていくかという点も重要となる。つまり、年齢別の賃金カーブの問題である。

これは最低賃金制度といった法規制が及ぶ範囲を越えるが、トラックドライバーの人手不足と関わり、また近年、運輸関係の労働組合がその改善に向けて取り組んでいるため、ここで簡単に紹介しておきたい。

トラックドライバーの賃金の特徴の一つに、年齢の高まりによる賃金の上昇幅が小さいことがある(一六五頁の図4−7)。年齢別の賃金カーブをみると、全男性平均では二〇〜二四歳の賃金を一とした場合、五〇〜五四歳の賃金は一・九〇になる。高卒男性平均でも一・六四まで上昇する。それに対して、トラックドライバーは、大型でも普通・小型でも一・二四までしか上がらない。その結果、賃金水準も、全男性平均と比べると、二〇代はわずかに上回るが、三〇代に追い越され、四〇〜五〇代では全男性平均の約七割程度の水準に抑えられる。

ドライバーの定着率が高まっているにもかかわらず、賃金カーブのフラット化は年々進行しており、かつてよりも賃金は上昇しなくなっている(例えば一九九〇年の同値は一・三六だった)。ドライバーの賃金カーブがフラットであることは、企業規模にかかわらず確認でき、大企業も中小企業も同様である。

運輸労連は、賃金水準の低さのみならず、賃金が仕事量の変動や労働時間に大きく左右される不安定性と、将来的に上昇していく見通しを持てないことが、トラック業界の人手不足の要因にあると考えている。そうした認識から近年では、「新たな賃金モデルの構築」を呼びかけている。労組が想定するモデル賃金は、賃金の六割を基礎給（固定的に支払われる給与）が占め、その部分は生活保障とスキル向上を反映し、経験年数に応じて上昇していくものである。一八歳の賃金を基準にすると、経験二〇年目には約一・九倍まで増加する。

ドライバーの仕事は運転技能や荷物の積み方・運び方において技能の向上がみられるのであり、そうした熟練を正当に評価する仕組みが必要ではないかというのが、労組の主張である。そして、中長期的に賃金が上がっていくことは、所得保障にとどまらず、働く者が労働に価値を見出し、自尊心を育むうえでも大切だと話す。

5　荷主を巻き込む

労務管理の厳格化

近年のトラック業界をめぐる動きは、行政、運送会社と業界団体、労働組合だけでなく、荷主を巻き込んで取り組まれている点が特徴的である。

従来、労働問題は、企業と従業員との間に発生すると考えられてきた。例えば、会社や上司が、従業員に膨大な業務量を与える。過酷なノルマを課す。それにより、長時間労働が引き起こされる。こうしたことは、今も変わりなく深刻な問題である。

だがそれに加えて、今日の労働問題は、消費者と労働者の関係からも生じている。高見具広《ともひろ》の研究によれば、取引先や顧客との関係で業務量および業務内容が決まる場合、あるいは取引先や顧客の都合に即応性が求められる場合、労働時間は長くなる傾向がある（高見具広「働く時間の自律性をめぐる職場の課題――過重労働防止の観点から」『日本労働研究雑誌』六七七号、二〇一六年）。

例えば、顧客からタイトな納期を設定されたり、突発的な業務を依頼されたりして、多忙な状態に陥ることがある。産業構造が変化し、情報技術が発達した現代では、職場を離れ、使用者の管理・監督が十分に行き届かない場所で、顧客と接しながら働く労働者が増えている。もし使用者や上司が、従業員や部下の業務の進捗、労働時間の管理などに無関心であれば、労働者は顧客や取引先の都合によって働きがちになる。

電通の過労自殺事件の公判において、検察側は冒頭陳述で、同社に「クライアント・ファースト（顧客第一主義）」が浸透し、深夜残業や休日出勤も厭わず働く環境があったと指摘した。

このケースは、顧客や取引先が労働者の働き方を規定することを象徴している。

高見によれば、従来型の労働問題——企業と労働者との間に発生する問題——を解決する鍵は、労働者自身が、自らの仕事に関して決定を下し、統率する力を持ちうるかどうかにある。つまり、労働者が、いかに「裁量性」を持ちうるかが重要である。それに対して、顧客や取引先との関係から生じる労働問題を解決するには、むしろ労働者の裁量性を狭め、企業による管理を強化しなければならない。すなわち、使用者や上司が顧客と労働者との間に介入し、過剰な労働が行われているのであれば、それに歯止めをかけるのである。

使用者と労働者との関係では、労働者は労働組合を結成し、労使交渉によって自身の労働条件を守ることが保障されている。また、労基法などにより最低限の労働基準が定められていることも含め（それが遵守されているかどうかは別として）、労働者は法的な保護を受けている。

しかし、顧客や取引先と労働者との関係において、労働者の健全な働き方を担保するための法制度上の規定はとくにない。会社や上司が「細やかな状況把握によって、個々の従業員が抱えている業務を把握し、時には壁となって顧客都合による働きすぎにブレーキをかける役割」を担うことで、初めて労働者は守られる（前掲、高見論文、五〇頁）。

トラックドライバーについても、勤め先の会社や上司が運行状況や労働時間を厳格に管理し、荷主都合の働かせ方にならないようにすることが求められる。

荷主の協力は進むのか

現在の労働実態を実際に改善させるには、そうした労務管理の強化だけでは十分でない。トラック業界では、荷主の理解や協力なくしてドライバーの労働環境は変えられないと判断し、荷主を巻き込んだ話し合いを進めている。

もちろん荷主は、他社で雇用されているドライバーの長時間労働や「サービス残業」に法的な責任を負わない。何時間待機させても、運賃に含まれない附帯業務を依頼しても、それを引き受け、働かせた責任は、あくまでもその使用者にある。

しかし、荷主の行動とドライバーの労働は、無関係ではない。延々と待機を依頼すれば、ドライバーの労働時間は長くなる。買い叩いた運賃で荷物を運ばせれば、ドライバーは休憩がとれなくなる。取引先に「経営努力」を強い、その下で行われる緩い労務管理に目を逸らし続ければ、いずれ担い手はいなくなる。

これまで荷主が自身の行為がもたらした結果を問われることはなかった。近年行われている話し合いも、むろん荷主の責任を追及する場ではない。しかし少なくとも、自らの行為が、いかなる労働実態を引き起こしているのかを気づかせ、考えさせるきっかけにはなっている。自分の職場の外に広がっている労働にも関心を抱くことが、トラック業界の商慣行を変えることにつながると期待されている。

もちろん荷主側にも言い分はある。例えば、積み卸しの負荷低減のためにパレット使用が有効であることは、二章で述べた通りである。高齢ドライバーや女性ドライバーを増やすためにも、パレット輸送の普及は不可欠だ。

しかし、ある荷主は次のように話す。「パレット輸送に切り替えろって言ったたって、その準備は簡単じゃないですよ。(パレットの)規格だって統一されてないし、長方形とか、正方形とか様々なんだから。数カ所で積み卸すときに、バラバラのパレットじゃマズイでしょ。それに、うちで出したパレットを、運び終わったら、またうちまで戻してくれるのかっていうことですよ。それこそ手間でしょ。パレットが無料で流通していれば別だけど、そうじゃないんだから、パレット代は誰が負担するんですか」。

別の荷主も、同様の意見だ。「今まで自分で積みやすいように積んでいた荷物を、もし規定されたパレットに積まないといけなくなったら、それこそ、現場はかなりの負担増です。今まで慣れた仕事を全部変えることになりますからね。そんなことになったら、積み卸しでドライバーの労働時間は減るかもしれないけど、うちの従業員の労働時間は、確実に増えます」。

パレット問題一つ取り上げてみても、これまでの慣行を変えれば、その影響は広範囲に及ぶ。それゆえに全国の労働現場を回っている労組幹部は、「荷主の協力を得るには、課題が多く残されていて、ハードルはかなり高い」とみている。

そして私たちも、宅配便の利用者という意味で、荷主の一人である。私たちが、不在連絡票を受け取ることに罪悪感を覚え、極力それを減らそうと行動すれば、それは「荷主の理解」や「荷主の協力」が進んだことを意味する。だが私たちの大半は、そのために具体的な行動をとっていない。

私たちの社会には、顧客や取引先の都合に合わせて、自らの労働時間を柔軟に調整し、その期待に応えようと融通を利かせながら働いている労働者が、数多く存在する。これは、トラックドライバーだけの話ではない。「お客様のために」「顧客の言うことは絶対」といった考えのもと、労働者が、自身の働き方を調整する姿はいたる所でみられる。そして消費者としての私たちは、そのようにして生み出された商品やサービスを、ごく当たり前のこととして受け取り、日々の生活を送っている。

第5章　物流危機が問いかけるもの

1　「適正」な企業が淘汰され、「不適正」な企業がはびこる

「市場」に規定される「労働」

物流二法が施行された当初、理論上想定されていたのは、規制緩和によって一時的に事業者数が増えたとしても、競争原理が働いて淘汰が進み、その数は次第に適正になっていくということだった。

しかし現実には、事業者数は約一五年間にわたって増加し続け、高止まりした。供給過多となった市場では、運賃の引き下げ競争が加速し、下がっていく運賃に対応するために、各社は人件費を削っていった。それだけにとどまらず、社会保険の支払いを取り止める事業者さえ増えた。そうしてまで安い運賃で仕事を得ようとする事業者が存在することが、運賃をさらに引き下げ、低位に固定させた。こうした市場状況では、労働時間のルールを守り、社会保険に加入する「適正」な企業が勝ち残ることは困難となる。

もちろん価格競争は、際限なく進むわけではない。価格は、いつか下げ止まる。だがそこで

競争は終わらない。その次には、非価格競争が待ち受けている。とくにサービス業では、下がりきった価格のなかで、いかにサービスの品質を向上させるかが競われる。

トラック業界では、そうした競争が、荷卸しなどの附帯業務を無償で請け負うことや、いつまでも待機するといった「過剰」なサービスを生み出していった。「過剰」なサービスを提供する事業者ほど、荷主を喜ばせ、市場で高い競争力を持ちえる。一社がそれを行えば、あるいは一人のドライバーがそれを引き受ければ、他社も他のドライバーも、次第にそのようなサービスを提供しないと仕事を獲得することが難しくなっていく。逆に、運賃に見合った「適正」なサービスを提供する企業は、競争に敗れ、淘汰されざるをえない。「適正」な企業が市場から流出し、「不適正」な企業が残存していく悪循環の結果、今日、トラック業界の労働現場を歩けば、「労働基準は分かっている。守りたいと思っているけど、守れないんだ」という声が、あちらこちらから聞こえる。

こうした労働のあり方は、トラック業界に限ったことではない。例えば、ファミレスや居酒屋などの外食産業、長距離や貸し切りで旅客を輸送するバス業界、多層的な下請け構造を持つ建設業界をはじめ、数多くの職場で同様の労働実態が告発されてきた。それだけでなく、このような労働のあり方は、私たちの職場に広く共通している部分がある。

今日、多くの労働者が、市場で決定された仕事量やサービス価格、納期に、自分たちの労働のあり方を合わせている。日本社会では、仕事が終わらなければ残業することは当たり前だと考えられている。納期に間に合わせるために、もしくは顧客の要望に応じるために、「サービス残業」さえ厭わない労働者が少なくない。顧客からの急な要請があれば、休日出勤や深夜労働にも従事する。そうした労働が、必ずしもワーク・ルールに則っていなくても、そして商品価格に反映されず「サービス(無償)」で提供されていても、多くの労働者は結局のところ、それを甘受している。

その結果、商品価格に見合わない「過剰」なサービスの提供が蔓延している。「過剰」なサービスの提供のしわ寄せは、そこで働く労働者に向かう。だが、労働者自身もいつしか、そうした労働の達成をやりがいと捉え、安価な賃金で最大限のサービスを提供することが当たり前だと考えるようになっている。

静かなる反乱

しかし、以上にみたような状態が長く続かないことを、物流の現場は教えてくれる。トラック業界では、ドライバーたちによる「静かなる反乱」が起きた。

その一つの形が、人手不足だ。労働者たちは、そんな職場で働きたくないと考え、そうした企業や職種への参入を拒み、より条件の良い企業や職種に移っていった。少子高齢化により労働力人口が減少していくなか、景気が上向けば、労働市場は容易に売り手市場に転換する。そうなると、劣位な労働条件によって支えられてきた企業は、いくら募集をかけても採用することができなくなる。このような労働者の行動が、日本の物流を揺るがしている。

もう一つの形が、労基署への駆け込みである。一部の労働者は、適正な労働時間管理がなされていないことを告発し、行政の介入により、事態を是正させようとした。労基署の査察や勧告により、そのような働かせ方が改善されるだけでなく、それらの企業名が公表されたり、メディアが報じたり、インターネット上に書き込まれたりすることで、それらの企業や業界は「ブラック企業」「ブラック業界」のレッテルを貼られ、さらに人手を集めにくくなる。それは従業員による報復の一つの形態と言えよう。

こうした事態に対処するために、企業から生き残りをかけて変わっていこうとする動きが出始めている。一章で紹介した通り、ヤマト運輸では「働き方改革室」を設け、労働時間管理を強化するとともに、荷物量の削減を進めてきた。同じく人手不足に陥っている飲食業界や小売業界においても、従業員を有期雇用から無期雇用に転換したり、非正規雇用から正規雇用に登用する制度を導入したり、年末年始を休業にして休日を増やしたり、深夜営業を取り止めたりといった労働環境の改善が進行している。人手不足に後押しされながら、各企業がそれぞれに賃金や労働条件の是正に取り組むことで、働く環境はある程度改善されてきた。

だが、労働をめぐる問題の多くは、一企業の自助努力だけでは解決できない。例えば、一社が価格を引き上げ、それを原資に従業員の賃金を向上させ、労働環境を整備していくことは、同じ業界に位置する他社が相変わらず価格の引き下げ競争を繰り広げているなかでは、極めて難しい。業界全体で価格や賃金の底上げをしていかなければ、そうした動きは持続可能性を持ちえない。

トラック業界では、政府が介入し、業界全体で働く環境の改善に動きだした。それは、この業界において「静かなる反乱」が広がれば、単に一部の労働者や一企業の問題にとどまらず、経済のインフラである物流機能が維持できなくなり、私たちの暮らしにも大きな影響が及ぶためであった。

二〇一三年以降、国交省は、トラック業界の労働環境の改善に以前よりも積極的に取り組むようになった。関係者による協議会が立ち上がり、労働実態が調査された。「過剰」なサービスを是正させるために標準約款が改正され、ガイドラインも作成された。

このような後ろ盾を得たことで、トラック業界では、運賃が少しずつ引き上げられる方向に動いている。二〇一五年度に人手不足を理由とした値上げ要請を受けたとする企業は、全体の約六割にのぼり、そのうちの八割弱の荷主が、値上げに応じたと回答している(日本ロジスティクスシステム協会『物流コスト調査報告書』二〇一六年度)。そうした動きの後、大手宅配業者で基本運賃の引き上げが始まった。二〇一七年一〇月、まずヤマト運輸が運賃を値上げし、その翌月には佐川急便、そして二〇一八年三月に日本郵便が価格を改定した。

今後、運賃の見直しが零細企業を含め、どれほどの規模と幅で進むのか、さらなる値上げが起きるのかは分からない。いずれの動きも滑り出したばかりであり、中長期的にどのように推移していくかははっきりしていないし、課題も多く残されている。

ただ、こうした動きから読み取れることは、規制を緩和し、競争を促進させるだけでは「適正」な競争や「適正」な労働環境を保持すること、そしてその産業を存続させることさえも、時に難しくなるということである。

2 「高い質を安い価格で」の限界

低生産性を生み出す構造

人手不足産業には、生産性が低いという共通の特徴がある。生産性が低いために、賃金をはじめとする労働条件が芳しくない。だから、人手が集まらない。そう考えられてきた。人手不足の解決は、生産性の向上が鍵を握る。

そのため、もっと生産性を上げようと盛んに呼びかけられている。実際に、業務内容を見直したり、無駄な業務を削減したりして、効率的な「働き方」の実現に取り組んでいる企業は多い。そうした努力が業績向上に貢献した事例は、多々報告されている。

トラック業界も、生産性が低い業種として知られる。この業界でも、いかにして積載効率を改善させるか、どうやって実車率や回転率を高めるかなどの検討が進められている。

では、トラック業界において、生産性の向上を阻害している要因は何だろうか。一方では、生産性が低いのは、競争が働いていないためだと主張されてきた。最低車両保有台数などの残された規制を廃止し、さらに規制緩和を進めれば、車両や人手をより柔軟に調達でき、効率的な運送が実現するとの声がある。

他方で、労働現場に焦点を合わせると、むしろ行き過ぎた競争が生産性を引き下げてきたようにみえる。例えば、A地点からB地点に、一定量の商品を運ぶには、一台のトラックにまとめて積載し、運搬した方が、数台に分けて運ぶよりも効率的である。車両、ドライバー、ガソリン代、高速代などが、一台分で済むためだ。

ところが現実には、多数の事業者が荷物を奪い合うなかで、商品はバラバラの車両に載せられ、別々のドライバーの手で、小分けにして運ばれている。「この荷物は今すぐ届けて」「この商品は出来上がりが遅れている」「そっちの荷物は早く届くと保管料がかかるから、数日待ってほしい」など、荷主の細かなニーズに合わせて、運送会社は非効率に車両を走らせている。こうした物流のあり方が、企業の在庫を最小化させ、生産コストを削減させてきた。つまり、トラック業界の生産性の低さが、他の産業の生産性向上に貢献してきた面がある。

加えて、ドライバーたちは、大型や中型の免許を保有しながらも、労働の少なくない部分を荷卸しや待機時間に割いている。本来、運転を専門とする労働者が、自身の専門性を活かせない労働に従事することもまた、社会的にみれば、労働力の有効活用がなされていないということになろう。

もし各トラックが荷物を満杯に積み込み、ドライバーが待機や附帯業務に従事せず、運転に専念できれば、この業界の生産性は上昇する。そうなれば、必要なドライバー数は減少し、人手不足が解消される可能性さえある。

生産性向上の議論は、低生産性をもたらす構造を放置したまま、手っとり早く効率化を図る方法に目を奪われやすい。だが、そうした議論を乗り越え、非効率で無駄な配送を生み出す構造を直視し、適正な市場を設計することこそが大切である。

価格を上げることで労働生産性を上げる

トラック業界の労働生産性は、一九九〇年代に運賃が低下していくとともに、下がっていった。運賃の下落と労働生産性の低下は、原因と結果の関係と捉えることができる。

そもそも労働生産性とは、労働者一人が一時間あたりに生み出す成果を指標化したものであり、以下のような式で求められる。

労働生産性＝付加価値額または生産量／労働投入量（労働者数×労働時間）

労働生産性には、売上高からコスト（原材料費や外注加工費など外部から購入した費用）を差し引いた金額（付加価値額）を労働投入量で除した「付加価値生産性」と、生産量や販売個数などを労働投入量で割った「物的生産性」とがある。つまり、労働者一人が一時間あたりにどれだけの物量を生産したかを測るのが物的生産性であり、どれだけ新しく価値を生み出したのかを金額ベースで測定するのが付加価値生産性である。物的生産性は通常、製造業について用いられる概念である。宅配便を例にとると、一人が一時間で二〇個の荷物を配達していたのが、三〇個配達できるようになれば、物的生産性は一・五倍に上昇したことになる。そして、それらの配送代金から燃料費などの外部コストを差し引いた金額が、仮に五万円から七万円に上がったとすれば、付加価値生産性は一・四倍に向上したことになる。

いずれにおいても、労働生産性の数値を引き上げるには、二つの方法がありえる。一つは、これまで指摘されてきたように効率化を進め「労働投入量」をより小さくすることである。もう一つは、「付加価値額」や「生産量」をより大きくすることである。つまり、分母を小さくしても、分子を大きくしても数値は上がるため、いずれの方法でも労働生産性を向上させることができる。

トラック業界の近年の取り組みを、労働生産性の観点からみるならば、それは分子をいかに大きくするかという動きである。例えば、標準約款の改正のねらいは、従来、無償で行われていた待機や附帯業務といった労働に対して、料金の支払いを促すことにある。ドライバーの労働内容に変更はなくても、無償労働を有償労働に変えれば、無駄な労働が生産的な労働に変わる。要するに、外部コストが変わらないまま、価格が上昇すれば、それだけで(付加価値)生産性は引き上げられる。

労働生産性を高めるために、より効率的に働くこと(分母を小さくすること)が重要である事実は否定できないものの、これまではその点ばかりが強調され、もう一つの方法である付加価値額を引き上げること(分子を大きくすること)があまり議論されてこなかった。言い換えると、現行の商品価格が、サービス内容に適ったものであるのかは問われることなく、安い価格を前提として、いかに効率的に働くかばかりが考えられてきた。トラック業界の近年の取り組みは、サービス内容に相当した価格に引き上げ、その結果、労働生産性を上昇させようとするものである。この動きは、他の人手不足産業にも示唆を与える。

サービスの品質

サービス産業の労働生産性を論じるにあたっては、提供されるサービスの品質を考慮する必要がある。なぜなら、サービス産業では、サービスの品質を低下させることでも、生産性を上昇させることができるからである。

例えば、宅配便のドライバーが、不在宅に何度も訪問するのではなく、不在であれば玄関先に荷物を置いていくか、営業所まで取りに来てもらうことにしたとする。これは、消費者にとってはサービス品質の低下になるが、運送会社にとっては配達個数を増やすことにつながり、労働生産性の上昇になる。ちなみに、玄関先に宅配の荷物を置いていくことや、消費者に取りに来てもらうことは、海外では決して珍しくない。

サービス産業の労働生産性を国際比較したときに、日本の水準が低いことはよく知られている。日米間で比べると、日本のサービス産業の労働生産性は、米国の約半分程度だ。とはいえ、同じサービスを提供する産業であっても、国が違えば、品質は必ずしも同一とは限らない。そのため、サービス産業の労働生産性の比較は、製造業ほど容易ではない。

サービス品質の国際的な違いが考慮されていないために、日本では高いサービス品質をもつ商品が割安な料金で提供されており、その結果、労働生産性が低くなっているという指摘がある（深尾京司・池内健太「サービス品質の日米比較」『生産性レポート』四号、二〇一七年七月）。深尾らは、滞米経験のある日本人と滞日経験のある米国人にアンケート調査を行い、「支払い意思

表5-1　米国の品質を100としたときの日本の品質

	米国滞在経験のある日本人	日本滞在経験のある米国人
宅配便	118.3	101.9
タクシー	117.9	102.9
病院	116.6	93.4
理容・美容	116.1	106.6
洗濯物のクリーニング	115.9	103.2
航空旅客	115.9	103.6
地下鉄	115.6	110.8
コンビニエンスストア	115.4	106.4
郵便	114.5	103.1
遠距離鉄道	114.4	106.1
総合スーパー	110.1	104.3
ファミリー向けレストラン	108.4	105.3

出所：深尾京司・池内健太「サービス品質の日米比較」(『生産性レポート』4号，2017年7月)より一部抜粋．

額」を調べた。これは両国のサービスを経験した人に、サービス品質の違いに対して「どの程度価格を余分に支払っても良いか」を質問し、「より多く支払っても良い」と答えた分だけ、品質が優れているとみなし、品質差を貨幣価値に換算して数値化したものである。表5-1の通り、多くの種類のサービスで、日本の品質がアメリカを上回ることが明らかとなった。なかでも最も品質差が大きいサービスとして、宅配便が挙がっている。日本の運輸業は米国と比べて労働生産性が五割以上低いと言われるが、大きな品質差が存在するのであれば、労働生産性の格差は実質的に縮小するはずである。

要するに、この研究によれば、日本の宅配

業界の労働生産性の低さの一因は、価格に対して過剰に品質の高いサービスが提供されていること、もしくはサービス品質に見合わない安い価格が設定されていることにある。

日本では、とくにサービス産業において、相対的に良質なサービスが安い価格で提供されてきた。だが今、そうしたサービスを提供してきた労働者を確保できなくなっているのであり、私たち消費者は中長期的にそれを享受し続けられるか不透明だ。

3　ルールづくりの重要性

ワーク・ルールを先行させる

日本のサービス産業の価格が品質に対して割安であったとしても、「適正」な水準に戻すことは容易でない。

ある企業が「適正」な価格をつけたところで、他社が過少価格を維持したままであれば、値上げした企業は、競争を通じて淘汰されてしまう可能性がある。また複数の企業で、もしくは業界全体で「適正」な価格を協議して設定すれば、独占禁止法に抵触してしまう。結果として業界全体で値上げが進んだとしても、それをきっかけに顧客が離れ、消費が冷え込むかもしれない。さらに、いくらが「適正」な価格なのかがはっきりしないことも、この議論を難しくする。四章でみた通り、原価割れを起こさない価格の実現と言っても、原価自体が人件費などの企業内的要素を柔軟に調整することで、弾力性を持つ。適正価格が明示できない以上、どれほど引き上げるべきなのかが分からない。

そうしたなか、本書では働くことに関わるルールづくりを先行させることを提案した。すなわち、価格の低下とともに賃金が下がってきたことを逆手に取り、賃金を上昇させることで価格を引き上げていく道筋である。賃金は価格とは異なり、独占禁止法で規制されておらず、一企業を越えて産業全体で引き上げることが可能である。

もちろんこれは、価格だけの話ではない。働くうえでのルールは賃金に限らず、労働時間や勤務のあり方なども重要である。例えば、働く側は「固定」を求めるのに対し、顧客や消費者は「柔軟」を求める。労働者にとって、毎月固定した収入を受け取ることや、日々の労働時間があらかじめ決まっていることは、安定した生活を送るために不可欠である。他方で、顧客や消費者は「急いで明日までにやってほしい」「今すぐに持ってきてくれ」など、柔軟なサービスの提供を欲する。両者には、ギャップが存在する。勤務時間を制限すれば、顧客が求める柔軟性は削がれるが、顧客に求められるままに融通をきかせたサービスを提供し続ければ、労働者の生活の安定性が損なわれる。

本書では、トラック業界の労働実態を描くことで、労働のあり方が、いかに市場の決定に規定されてきたのかをみてきた。ヤマト運輸では、ネット通販が拡大したことにより荷物量が急増し、それに合わせて労働時間が伸び、違法残業が広がった。しかし、こうした労働のあり方は、ヤマト運輸に特殊なことではない。多くの職場が、市場の変化や顧客の要望に従って、賃金や労働時間を変動させている。顧客や消費者のニーズにいかに応えるのかという点ばかりに重きが置かれ、そうしたサービスや商品を生み出す労働者が本来持っているはずの権利は、なおざりにされてきた。

それに対して、ヤマト運輸およびトラック業界の昨今の変化は、ワーク・ルールを起点にして、事業や市場のあり方を見直そうとするものである。これは、労働者の側から企業や市場に働きかける試みである。こうした流れをつくり出すことは、労働環境の現状を改善するための契機となりうる。

労働組合の役割

人手不足は、労働条件を改善させるための重要なきっかけとなる。現にトラック業界では、深刻な人手不足を背景に、近年賃金が上がっている。労働時間を短縮する機運が高まっているのも、若年労働力の採用が難しいことが主要因である。

しかしながら、人手不足が働く環境を自動的に改善させるわけではない。人が採用できないのであれば、その労働を機械に置き換えたり、日本人労働者を集められなければ、外国人労働者に門戸を開いたり、他の手段によって人手不足を解消しうる場合もある。また、人手不足という市場の変動に従って上昇した賃金や労働条件は、景気が後退し、求人倍率が下がれば、低下するであろう。

労働環境を改善させ、持続させるには、それを要求し、ルール化する主体が必要となる。本書では、その主体として労働組合を位置づけてきた。ヤマト運輸が、採用難や人手不足に後押しされながらも、労使で話し合いを重ね、総量抑制を決定し、労働時間管理の厳格化を進めたことは、労組の取り組みの成功例である。

労働組合は、働く者の労働条件の維持・向上を目指す組織である。だが、賃金の引き上げや労働時間の短縮といった目的を達成するうえで、多くの労働組合は、経営のあり方を所与のものとして捉えてきた。例えば、労使で残業時間の削減に取り組むことを決定したとしても、仕事量を変えないことを前提に、どのようにして働く時間を短くするのかが検討されるケースが少なくない。それゆえ、いかに効率化を図るのかに力が注がれる。ヤマト運輸においても、かつてそうした議論がなされ、そのための具体策が講じられてきた。

だが、それだけでは十分に労働時間を短縮できないケースが多い。つまり、いくら業務の効率化を進めたとしても、仕事が大量に存在するために、もしくは仕事量に対して人員が少なすぎるために、残業せずにはいられない職場が多々ある。ヤマト運輸もそうだった。そこで同社の労組は、労使で取り決めたワーク・ルールを守るには、仕事量（荷物の総量）を抑制しなければならないと考え、経営側に要請した。

この事例からは、ワーク・ルールを守るためには、時に経営のあり方を変えなければならないことが分かる。すなわち、現存のワーク・ルールに対して今の仕事量は適正なのか、掲げられている売上目標や定められた納期はワーク・ルールに見合ったものであるのか、経営の方針や事業の目標まで見直さなければ、ワーク・ルールを遵守することが難しい場合がある。労働時間を短縮するために、必要であれば仕事量さえも見直すことは、経営のあり方が労働のあり方を一方的に規定してきた従来の状況を転換することを意味する。

ヤマト運輸の事例は、労働組合が経営のあり方にまで踏み込み、それを変える力があることに改めて気づかせる。企業別を特徴とする日本の労働組合は、その構造ゆえに、経営の範囲内で物事を考え、経営側に従属しやすいと言われてきた。言い換えると、企業の成長が労働条件の向上につながると考えがちであり、そうした考え方が企業の枠を越えた組合運動の発展を妨げてきた。それは、ある程度正しい認識である。

その一方で、企業別組合は経営側と緊密に協議を重ねることで信頼関係を構築しやすい。実際、少なからぬ日本企業では、労働条件のみならず、それに関わる様々な問題について労使が協議する体制が築かれてきた。ヤマト運輸の労使関係は、まさにそうした特徴を有する。そのもとで同社の労働組合は、経営のあり方にまで踏み込んで発言し、協議する力を持ちえた。むろん荷物量の抑制は、労働組合の力だけで成し遂げたわけではない。労働者を十分に採用できなかったことや、従業員が労基署に通報し、違法残業の実態が広く世間に知れ渡り、社会問題化したことは、総量抑制という決定に大きな影響を与えたであろう。しかし、そうした事態と並行して、労組が幾度にもわたり要請を行い、労使で協議を重ねたことが、この決定を促したと考えられる。

その反面で、ヤマト運輸の各職場で違法残業が行われていたことが明らかになっており、そうした事態を労働組合が防げなかったことも事実である。その意味では、労働組合としての機能に問題があったことは否めない。

そもそも労働組合の最大の役割は、職場から出る様々な不満の声を拾い上げ、問題の解決に動き、必要であれば労使でルールをつくり、各職場に適用させることである。これがうまく機能していれば、各々の問題は小さなうちに解消され、顕在化することはない。したがって労働組合は、機能すればするほど、その役割が外部から目にみえにくくなる。

もし労働組合がうまく機能しなければ、職場の諸問題は解決されないまま放置される。次第にそれは蓄積していき、いずれ大きな問題となって表に出る。大きくなった問題が顕在化し、社会問題と認識され、行政が動き、一国レベルでルールがつくられることもある。

物流危機は、そうした代表例と言えるが、それだけではない。例えばバス業界でも、二〇〇〇年に規制緩和がなされ、事業者数が急増した。運賃と運転手の賃金が下がり、深刻なドライバー不足に陥った。このようななか、二〇一二年四月に関越自動車道での高速ツアーバスの事故(乗客七名が死亡)、二〇一六年一月には軽井沢でのスキーバスの転落事故(乗客乗員一五名が死亡)が起きる。事故の原因には、過労による居眠り運転やドライバーの経験の浅さ、運行指示書の不備などが挙がっている。一連の事故をきっかけに、政府は事業認可のあり方を見直したり、改善基準告示の違反に対する量刑を重くしたりと、ルールの強化を図った。このように社会に大きな衝撃を与えた事故や事件を契機に、ワーク・ルールが強化されるケースは、いくつも例示できる。

だが、こうした悲しい事故や事件が起こる前に、その原因である労働問題の芽を摘むのが、本来、労働組合の役割である。職場レベルで、過重労働や違法残業、働き方をめぐる不満や不平、仕事上の危険などが発見され、解決されていれば、過労死をはじめ深刻な事故や事件を引き起こさずに済んだはずである。

ところが、組合組織率の低下や組合機能の弱体化によって、各職場で発生する問題の多くは、誰からも指摘されることなく放置され、積み重なり、悲劇的な形で表出する。そしてその後、ようやく対策が打たれるという事態が続いている。

消費者と労働者のつながり

最後に、消費者である私たちと労働者である私たちの関係について触れ、本書を閉じることにしたい。

消費者である私たちは、市場を介して商品を購入する際、その商品が生み出されるまでに生じた労働者の苦痛や苦難を全くといっていいほど知りえない。一冊の本を届けるために、何度も自宅を訪問してくれた宅配便ドライバーが長時間勤務となっていることや、新鮮な野菜を安価に届けるために、長距離トラックのドライバーが規定の休憩時間もとらずに運転を続け、過労で命が奪われていることに、私たちは気づかず、咎められず、暮らしている。長時間労働や過労死に対する法的責任は、あくまでも各ドライバーを雇用する使用者が問われる。消費者である私たちが、その責任を追及されることはない。

しかし、消費者である私たちの日々の経済活動と、こうした労働者の過酷な労働実態は、無関係に存在しているわけではなく、深くつながっている。労働者である私たちの働く時間が長くなれば、宅配便ドライバーも夜遅くに配送しなければならなくなる。今では、深夜や早朝も含め、二四時間集配を請け負う宅配業者が登場している。労働者である私たちが、顧客の無理な要求に応えるのが当たり前になればなるほど、消費者としての私たちも、取引先の労働者に無理なお願いをするようになる。働く者の権利よりも、顧客や消費者のニーズを優先してきたのは、企業や使用者だけではなく、私たち消費者も同じだ。

コンビニで弁当を買ったり、スーパーで野菜を買ったりする私たちの経済活動は、消費者である私たち自身がそう意図したわけではないとしても、長時間労働や過労死といった他者の犠牲のうえに成り立っている。その意味において、長時間労働や過労死などの労働問題は、消費者である私たちも関わり、加担して、生み出されている。にもかかわらず、私たち消費者は、商品の対価さえ支払えば、その責任から逃れられると考えている。過酷な労働を、自身から遠く、切り離されたところで生じた事態として捉えている。消費者である自分もまた、労働者にそうした労働を、間接的であったとしても強いていることを忘れ、そのつながりに気づくことは少ない。

一つの商品が生まれ、自分の手元にそれが届くまでに、どこで、誰が、どのように関わり、いかなる労働が介在したのか、そのすべてを見通すことは、今や極めて難しい。そうした過程をより見えにくくするための手段も、幾重にも講じられてきた。例えば、ネット通販の「送料無料」である。この言葉は、実際にかかった運送費用を分かりにくくするだけでなく、荷物を運ぶドライバーの姿も見えにくくしてきた。

だが、消費者である私たちと労働者である私たちは、つながっている。そうである以上、私たちが、社会的なつながりを認識し、働く者の負担を知り、そのコストを分かち合おうとすることは、過酷な労働を改善させる一歩になる。私たちが、いつまでも他者の労働に対して無関心、無責任でいるのではなく、社会的な連帯を強めていこうとすれば、今ある労働のあり方を変える力になる。

トラックドライバーたちは、今日も私たちの荷物を載せてこの街を走り続けている。本書が、そうしたドライバーたちの働く姿を知るきっかけとなり、この社会を見通す一助となれば幸いである。

あとがき

二〇一八年は、台風、豪雨、豪雪、地震と自然災害の多い年だった。

ある荷主は次のように話した。「これまではね、どんなに雨が降ったって、どうにか運んでくれていたんですよ。でもね、今年は違いました。途中で「今日はこれ以上無理なので、あとは明日にします」と言われて。そんなこと、今まで聞いたことがないですよ」。

だが、この変化は、想定外の災害が起きたことだけに起因するのではない。

別の荷主は困り顔でこう話す。「ひどい渋滞に巻き込まれて、荷物の到着が遅れていたんです。そうしたら「労働時間の規制で、これ以上ドライバーに運転させられない」って連絡が入り、驚きました。運転手が何時間働いているかなんて、こっちは知りませんよ」。

他の業者も、「確か去年からです。お盆は繁忙期だからって、事前に予約しないと運んでもらえなくなりました。それまでは直前でも対応してくれていたのに。車両やドライバーのやりくりがあるからって言われてもねぇ。お盆前はうちらも忙しいわけで、そりゃあ不便ですよね」と当惑した表情を隠せない。

今、物流現場には変化の兆しがみられる。世間では運賃の値上げばかりに注目が集まっているが、変化はサービスの内容にまで及んでいる。長年にわたって享受してきた低価格や利便性が揺らぐことに、困惑と動揺が広がっている。

物流危機は、突然、私たちに降りかかってきたように思える。しかし実は、私たちの目の届かないところで、長い時間をかけてじわじわと、危機を引き起こす素地が作られてきた。本書は、トラック業界の深刻な人手不足を、規制緩和と過当競争、運賃の低下と労働条件の低下、働く者の権利よりも荷主や利用者の都合が優先される商慣行などから論じてきた。

私たちが得ている「安さ」や「早さ」が、働く者の長時間労働や過労死と引き換えに存在するならば、それは果たして社会的公正に適うのか。本書の出発点は、そうした問題意識にあった。本書が、労働の視点から暮らしや経済をみつめ直すきっかけとなれば、うれしく思う。

この小著を刊行するにあたり、多くの人々の協力を得た。この場を借りて御礼申し上げたい。

物流企業や運送会社、荷主業者の関係者には、幾度にもわたりインタビュー調査にご協力いただいた。そして、私の無遠慮な質問にも快く応じ、長時間のヒアリングに付き合ってくださった。運輸労連をはじめとする労働組合、全ト協、国交省、厚労省の関係者には、ヒアリング調査に加えて、膨大な資料を貸与してもらった。ドライバーの声は、本研究を進める原動力となった。これらの方々の協力なくして本書は完成しなかった。会社名、個人名を記すことは叶わないが、深く謝意を表したい。

大学院時代からの恩師である高木郁朗《いくろう》先生(日本女子大学名誉教授)は、トラック業界の労働実態に詳しく、数多くのことを教えてくださった。仁田《にった》道夫先生(東京大学名誉教授)には、毎度のことながら、草稿に丹念に目を通し有益な助言をいただいた。両先生には、今後ともご指導賜るよう切にお願い申し上げる。

インタビュー調査のテープおこしや統計データの整理を手伝ってくださった高瀬久直さんにも御礼を申し上げたい。

また、本書の調査や分析は、科学研究費補助金の助成を受けて行い、執筆は二〇一七年度の研究休暇中に進めた。充実した研究環境を与えてくださっている立教大学の教職員にも感謝の意を表したい。

岩波書店の新書編集部には、本書の構想を練る段階からお付き合いいただいている。様々な視角から出された意見により、本書の内容はより充実したものとなった。とりわけ編集をご担当くださった中山永基さんには、打ち合わせのたびに的確なアドバイスを賜った。本書の刊行にご尽力いただいたことに、心から御礼申し上げたい。

二〇一八年立冬

首藤若菜

首藤若菜

1973年東京都生まれ．日本女子大学大学院人間生活学研究科博士課程単位取得退学．博士(学術)．山形大学人文学部助教授，ロンドン・スクール・オブ・エコノミクス労使関係学部客員研究員，日本女子大学家政学部准教授などを経て，
現在－立教大学経済学部教授
専攻－労使関係論，女性労働論
著書－『統合される男女の職場』(勁草書房，2003年，社会政策学会奨励賞受賞，沖永賞受賞)
『グローバル化のなかの労使関係──自動車産業の国際的再編への戦略』(ミネルヴァ書房，2017年，労働関係図書優秀賞受賞，社会政策学会奨励賞受賞)

物流危機は終わらない
―暮らしを支える労働のゆくえ　　岩波新書(新赤版)1753

2018年12月20日　第1刷発行

著　者　首藤若菜《しゅとうわかな》

発行者　岡本　厚

発行所　株式会社　岩波書店
〒101-8002 東京都千代田区一ツ橋2-5-5
案内 03-5210-4000　営業部 03-5210-4111
http://www.iwanami.co.jp/

新書編集部 03-5210-4054
http://www.iwanamishinsho.com/

印刷製本・法令印刷　カバー・半七印刷

ISBN 978-4-00-431753-1　　Printed in Japan

岩波新書新赤版一〇〇〇点に際して

ひとつの時代が終わったと言われて久しい。だが、その先にいかなる時代を展望するのか、私たちはその輪郭すら描きえていない。二〇世紀から持ち越した課題の多くは、未だ解決の緒を見つけることのできないままであり、二一世紀が新たに招きよせた問題も少なくない。グローバル資本主義の浸透、憎悪の連鎖、暴力の応酬――世界は混沌として深い不安の只中にある。

現代社会においては変化が常態となり、速さと新しさに絶対的な価値が与えられた。消費社会の深化と情報技術の革命は、種々の境界を無くし、人々の生活やコミュニケーションの様式を根底から変容させてきた。ライフスタイルは多様化し、一面では個人の生き方をそれぞれが選びとる時代が始まっている。同時に、新たな格差が生まれ、様々な次元での亀裂や分断が深まっている。社会や歴史に対する意識が揺らぎ、普遍的な理念に対する根本的な懐疑や、現実を変えることへの無力感がひそかに根を張りつつある。そして生きることに誰もが困難を覚える時代が到来している。

しかし、日常生活のそれぞれの場で、自由と民主主義を獲得し実践することを通じて、私たち自身がそうした閉塞を乗り超え、希望の時代の幕開けを告げてゆくことは不可能ではあるまい。そのために、いま求められていること――それは、個と個の間で開かれた対話を積み重ねながら、人間らしく生きることの条件について一人ひとりが粘り強く思考することではないか。その営みの糧となるものが、教養に外ならないと私たちは考える。歴史とは何か、よく生きるとはいかなることか、世界そして人間はどこへ向かうべきなのか――こうした根源的な問いとの格闘が、文化と知の厚みを作り出し、個人と社会を支える基盤としての教養となった。まさにそのような教養への道案内こそ、岩波新書が創刊以来、追求してきたことである。

岩波新書は、日中戦争下の一九三八年一一月に赤版として創刊された。創刊の辞は、道義の精神に則らない日本の行動を憂慮し、批判的精神と良心的行動の欠如を戒めつつ、現代人の現代的教養を刊行の目的とする、と謳っている。以後、青版、黄版、新赤版と装いを改めながら、合計二五〇〇点余りを世に問うてきた。そして、いままた新赤版が一〇〇〇点を迎えたのを機に、人間の理性と良心への信頼を再確認し、それに裏打ちされた文化を培っていく決意を込めて、新しい装丁のもとに再出発したいと思う。一冊一冊から吹き出す新風が一人でも多くの読者の許に届くこと、そして希望ある時代への想像力を豊かにかき立てることを切に願う。

（二〇〇六年四月）

岩波新書より

社会

サイバーセキュリティ　谷脇康彦
まちづくり都市 金沢　山出　保
虚偽自白を読み解く　浜田寿美男
総介護社会　小竹雅子
戦争体験と経営者　立石泰則
住まいで「老活」　安楽玲子
現代社会はどこに向かうか　見田宗介
EVと自動運転 クルマをどう変えるか　鶴原吉郎
ルポ 保育格差　小林美希
津波災害〔増補版〕　河田惠昭
棋士とAI　王　銘琬
原子力規制委員会　新藤宗幸
東電原発裁判　添田孝史
日本問答　田中優子・松岡正剛
日本の無戸籍者　井戸まさえ
〈ひとり死〉時代のお葬式とお墓　小谷みどり

町を住みこなす　大月敏雄
親権と子ども　榊原富士子・池田清貴
歩く、見る、聞く 人びとの自然再生　宮内泰介
対話する社会へ　暉峻淑子
悩みいろいろ　金子　勝
魚と日本人 食と職の経済学　濱田武士
ルポ 貧困女子　飯島裕子
鳥獣害 動物たちと、どう向きあうか　祖田　修
科学者と戦争　池内　了
新しい幸福論　橘木俊詔
ブラックバイト 学生が危ない　今野晴貴
原発プロパガンダ　本間　龍
ルポ 母子避難　吉田千亜
日本にとって沖縄とは何か　新崎盛暉
日本病 長期衰退のダイナミクス　金子　勝・児玉龍彦
雇用身分社会　森岡孝二
生命保険とのつき合い方　出口治明

ルポ にっぽんのごみ　杉本裕明
鈴木さんにも分かるネットの未来　川上量生
地域に希望あり　大江正章
世論調査とは何だろうか　岩本　裕
フォト・ストーリー 沖縄の70年　石川文洋
ルポ 保育崩壊　小林美希
多数決を疑う 社会的選択理論とは何か　坂井豊貴
アホウドリを追った日本人　平岡昭利
朝鮮と日本に生きる　金　時鐘
被災弱者　岡田広行
農山村は消滅しない　小田切徳美
復興〈災害〉　塩崎賢明
「働くこと」を問い直す　山崎　憲
原発と大津波 警告を葬った人々　添田孝史
縮小都市の挑戦　矢作　弘
福島原発事故 被災者支援政策の欺瞞　日野行介
日本の年金　駒村康平

(2018.11)　(D1)

岩波新書より

食と農でつなぐ 福島から	塩谷弘康・岩崎由美子
過労自殺〔第二版〕	川人博
金沢を歩く	山出保
ドキュメント 豪雨災害	稲泉連
ひとり親家庭	赤石千衣子
女のからだ フェミニズム以後	荻野美穂
〈老いがい〉の時代	天野正子
子どもの貧困 II	阿部彩
性と法律	角田由紀子
ヘイト・スピーチとは何か	師岡康子
生活保護から考える	稲葉剛
かつお節と日本人	宮内泰介・藤林泰
家事労働ハラスメント	竹信三恵子
福島原発事故 県民健康管理調査の闇	日野行介
電気料金はなぜ上がるのか	朝日新聞経済部
おとなが育つ条件	柏木惠子
在日外国人〔第三版〕	田中宏
まち再生の術語集	延藤安弘
震災日録 記憶を記録する	森まゆみ
原発をつくらせない人びと	山秋真
社会人の生き方	暉峻淑子
構造災 科学技術社会に潜む危機	松本三和夫
家族という意志	芹沢俊介
ルポ 良心と義務	田中伸尚
飯舘村は負けない	千葉悦子・松野光伸
夢よりも深い覚醒へ	大澤真幸
子どもの声を社会へ	桜井智恵子
就職とは何か	森岡孝二
日本のデザイン	原研哉
ポジティヴ・アクション	辻村みよ子
脱原子力社会へ	長谷川公一
希望は絶望のど真ん中に	むのたけじ
福島 原発と人びと	広河隆一
アスベスト 広がる被害	大島秀利
原発を終わらせる	石橋克彦編
日本の食糧が危ない	中村靖彦
勲章 知られざる素顔	栗原俊雄
希望のつくり方	玄田有史
生き方の不平等	白波瀬佐和子
同性愛と異性愛	風間孝・河口和也
贅沢の条件	山田登世子
新しい労働社会	濱口桂一郎
世代間連帯	上野千鶴子・辻元清美
道路をどうするか	五十嵐敬喜・小川明雄
子どもの貧困	阿部彩
子どもへの性的虐待	森田ゆり
戦争絶滅へ、人間復活へ	むのたけじ 聞き手 黒岩比佐子
テレワーク 「未来型労働」の現実	佐藤彰男
反貧困	湯浅誠
不可能性の時代	大澤真幸
地域の力	大江正章
グアムと日本人 戦争を埋立てた楽園	山口誠
少子社会日本	山田昌弘
親米と反米	吉見俊哉
「悩み」の正体	香山リカ

岩波新書より

変えてゆく勇気	上川あや
戦争で死ぬ、ということ	島本慈子
社会学入門	見田宗介
冠婚葬祭のひみつ	斎藤美奈子
壊れる男たち	金子雅臣
少年事件に取り組む	藤原正範
いまどきの「常識」	香山リカ
働きすぎの時代	森岡孝二
桜が創った「日本」	佐藤俊樹
生きる意味	上田紀行
ルポ 戦争協力拒否	吉田敏浩
ウォーター・ビジネス	中村靖彦
男女共同参画の時代	鹿嶋敬
当事者主権	中西正司 上野千鶴子
ルポ 解雇	島本慈子
豊かさの条件	暉峻淑子
人生案内	落合恵子
若者の法則	香山リカ
自白の心理学	浜田寿美男

原発事故はなぜくりかえすのか	高木仁三郎
日本の近代化遺産	伊東孝
証言 水俣病	栗原彬編
コンクリートが危ない	小林一輔
東京国税局査察部	立石勝規
ドキュメント 屠場	鎌田慧
能力主義と企業社会	熊沢誠
沖縄 平和の礎	大田昌秀
現代社会の理論	見田宗介
原発事故を問う	七沢潔
災害救援	野田正彰
命こそ宝 沖縄反戦の心	阿波根昌鴻
スパイの世界	中薗英助
都市開発を考える	大野輝之 レイコ・ハベ・エバンス
ディズニーランドという聖地	能登路雅子
原発はなぜ危険か	田中三彦
豊かさとは何か	暉峻淑子
農の情景	杉浦明平

光に向って咲け	粟津キヨ
異邦人は君ヶ代丸に乗って	金賛汀
読書と社会科学	内田義彦
科学文明に未来はあるか	野坂昭如編著
プルトニウムの恐怖	高木仁三郎
社会科学における人間	大塚久雄
沖縄ノート	大江健三郎
地の底の笑い話	上野英信
この世界の片隅で	山代巴編
音から隔てられて	入谷仙介 林瓢介編
ものいわぬ農民	大牟羅良
民話を生む人々	山代巴
死の灰と闘う科学者	三宅泰雄
米軍と農民	阿波根昌鴻
沖縄からの報告	瀬長亀次郎
暗い谷間の労働運動	大河内一男
ユダヤ人	J-P・サルトル 安堂信也訳
社会認識の歩み	内田義彦
社会科学の方法	大塚久雄

岩波新書より

経済

岩波新書より

政治

現代世界

トランプのアメリカに住む　吉見俊哉
ライシテから読む現代フランス　伊達聖伸
ベルルスコーニの時代　村上信一郎
イスラーム主義　末近浩太
ルポ 不法移民 アメリカ国境を越えた男たち　田中研之輔
習近平の中国 百年の夢と現実　林望
日中漂流　毛里和子
中国のフロンティア　川島真
シリア情勢　青山弘之
ルポ トランプ王国　金成隆一
ルポ 難民追跡 バルカンルートを行く　坂口裕彦
アメリカ政治の壁　渡辺将人
プーチンとG8の終焉　佐藤親賢
香港 中国と向き合う自由都市　倉田徹 張イクマン
〈文化〉を捉え直す　渡辺靖
イスラーム圏で働く　桜井啓子編
中南海 知られざる中国の中枢　稲垣清
フォト・ドキュメンタリー 人間の尊厳　林典子
㈱貧困大国アメリカ　堤未果
女たちの韓流　山下英愛
新・現代アフリカ入門　勝俣誠
中国の市民社会　李妍焱
勝てないアメリカ　大治朋子
ブラジル 跳躍の軌跡　堀坂浩太郎
非アメリカを生きる　室謙二
ネット大国中国　遠藤誉
中国は、いま　国分良成編
ジプシーを訪ねて　関口義人
中国エネルギー事情　郭四志
アメリカン・デモクラシーの逆説　渡辺靖
ユーラシア胎動　堀江則雄
オバマ演説集　三浦俊章編訳
ルポ 貧困大国アメリカII　堤未果
オバマは何を変えるか　砂田一郎
イスラエル　臼杵陽
ネイティブ・アメリカン　鎌田遵
アフリカ・レポート　松本仁一
ヴェトナム新時代　坪井善明
イラクは食べる　酒井啓子
ルポ 貧困大国アメリカ　堤未果
エビと日本人II　村井吉敬
北朝鮮は、いま　北朝鮮研究学会編 石坂浩一監訳
欧州連合 統治の論理とゆくえ　庄司克宏
バチカン　郷富佐子
国際連合 軌跡と展望　明石康
アメリカよ、美しく年をとれ　猿谷要
日中関係 戦後から新時代へ　毛里和子
いま平和とは　最上敏樹
「民族浄化」を裁く　多谷千香子
サウジアラビア　保坂修司
中国激流 13億のゆくえ　興梠一郎

岩波新書より

多民族国家 中国	王　柯
国連とアメリカ	最上敏樹
東アジア共同体	谷口　誠
ヨーロッパとイスラーム	内藤正典
現代の戦争被害	小池政行
帝国を壊すために	アルンダティ・ロイ 本橋哲也訳
多文化世界	青木　保
デモクラシーの帝国	藤原帰一
パレスチナ〔新版〕	広河隆一
人道的介入	最上敏樹
異文化理解	青木　保
ロシア市民	中村逸郎
ロシア経済事情	小川和男
南アフリカ「虹の国」への歩み	峯　陽一
ユーゴスラヴィア現代史	柴　宜弘
ビルマ「発展」のなかの人びと	田辺寿夫
東南アジアを知る	鶴見良行
獄中19年	徐　勝
モンゴルに暮らす	一ノ瀬恵
チェルノブイリ報告	広河隆一
イスラームの日常世界	片倉もとこ
サッチャー時代のイギリス	森嶋通夫
エビと日本人	村井吉敬
バナナと日本人	鶴見良行
韓国からの通信	T・K生 「世界」編集部編
現代支那論	尾崎秀実

岩波新書/最新刊から

1743 **大化改新を考える** 吉村武彦著

例えば『日本書紀』の「雨乞い」記事から、何が読みとれるか。徹底した史料解読を通じて日本史上最も有名な大改革の実態に迫る。

1744 **移民国家アメリカの歴史** 貴堂嘉之著

近代世界のグローバルな人流や、日本・中国などアジア系移民の歴史経験に着目して、「移民の国」のなりたちと理念をとらえる。

1745 **アナキズム** —一丸となってバラバラに生きろ 栗原康著

人生は爆弾だ。正しさをぶちこわせ！歌い、叫び、笑う、アナキストの精神。主義を超えた真実への問いがアナーキーな文体で炸裂。

1746 **日本の同時代小説** 斎藤美奈子著

激動の半世紀、「大文字の文学の終焉」が言われる中にも、小説は書き続けられてきた！ついに出た、みんなの同時代文学史。

1747 **幸福の増税論** —財政はだれのために— 井手英策著

「公・共・私のベストミックス」の理念のもと、すべての人に「ベーシック・サービス」を。財政・社会改革の未来構想を語り尽す。

1748 **給食の歴史** 藤原辰史著

明暗二つの顔を持つ給食。貧困、災害、運動、教育、世界という五つの視角によって、知られざる歴史に迫り、今後の可能性を探る。

1749 **認知症フレンドリー社会** 徳田雄人著

医療的な対応だけでなく社会そのものを変えてみよう。図書館や新たな就労の場等を当事者と共に創っている、先進的な国内外の実践。

1750 **百姓一揆** 若尾政希著

「反体制運動ではなかった」、「竹槍や蓆旗《むしろばた》は使われなかった」——大きく転換した百姓一揆の歴史像から、近世という時代を考える。

(2018. 12)